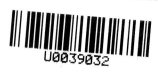

李國英教授合編
許錟輝

甲金文會錄

萬卷樓圖書公司

甲金文會錄　目次

一、甲文

二、金文

1

2

一

3

殷代王室世系圖

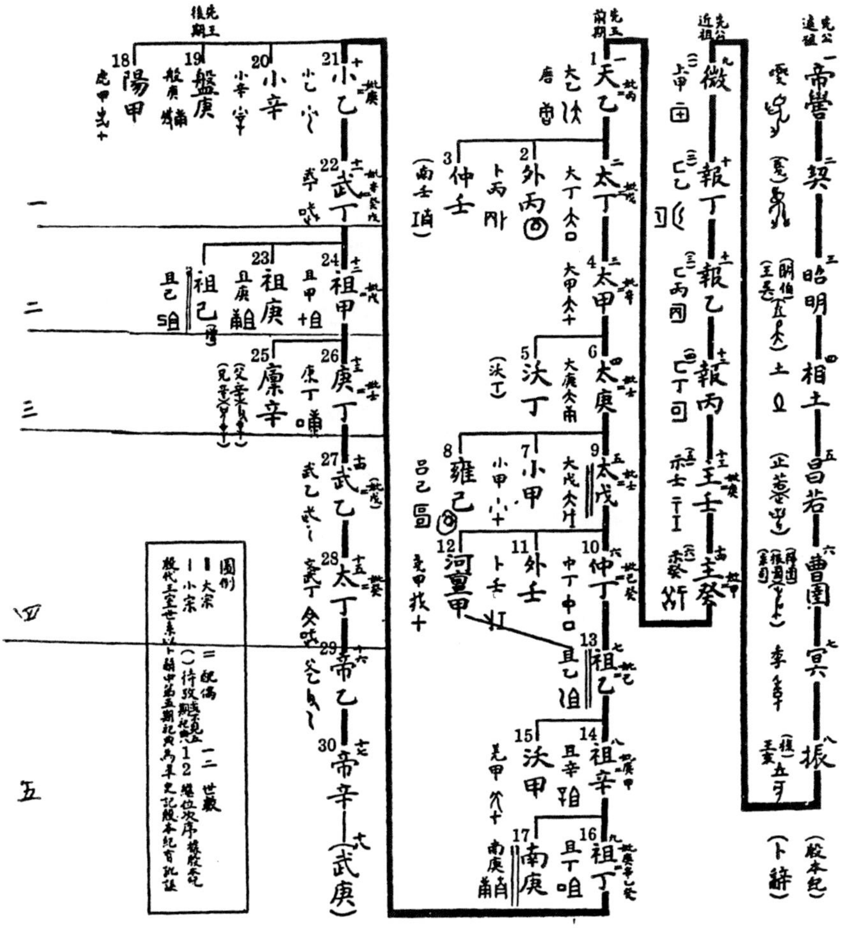
先公遠祖
帝嚳
契
昭明
相土
昌若
曹圉
冥
振
(殷本紀)
(卜辭)
先公近祖
微
報丁
報乙
報丙
主壬
主癸
先王前期
1 天乙
2 外丙
3 仲壬
4 太甲
5 沃丁
6 太庚
7 小甲
8 雍己
9 太戊
10 仲丁
11 外壬
12 河亶甲
13 祖乙
14 祖辛
15 沃甲
16 祖丁
17 南庚
先王後期
18 陽甲
19 盤庚
20 小辛
21 小乙
22 武丁
23 祖庚
24 祖甲
25 廩辛
26 庚丁
27 武乙
28 太丁
29 帝乙
30 帝辛
(武庚)
一
二
三
四
五
圖例

4

5

6

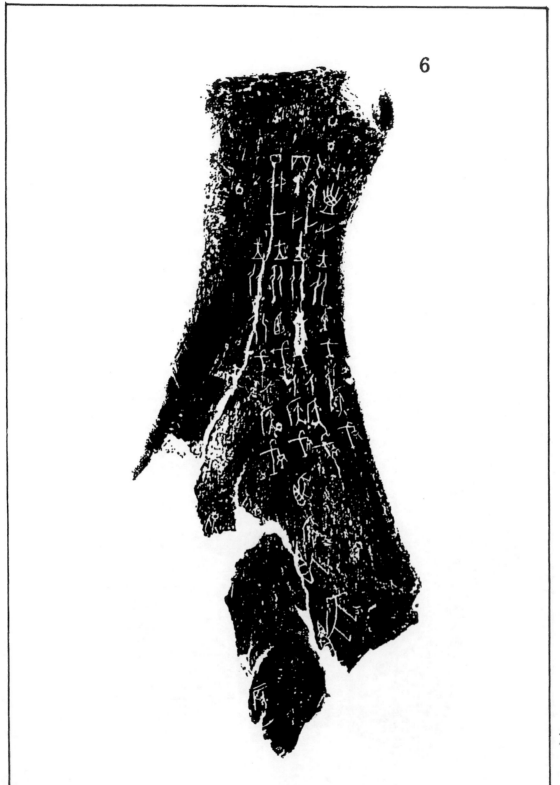

7

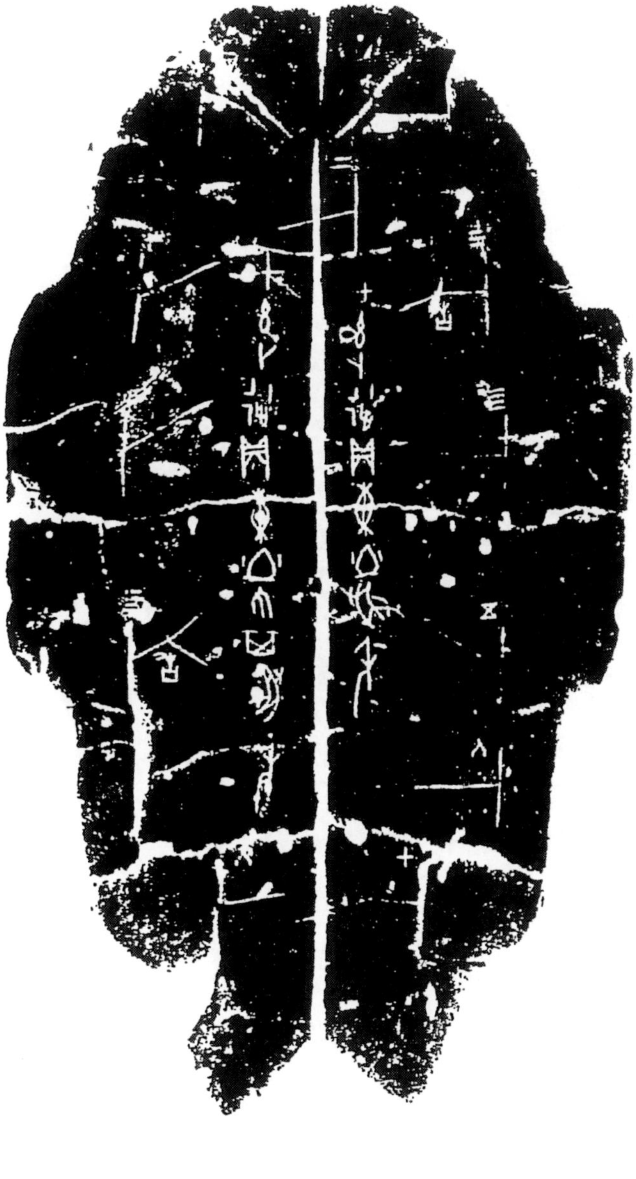

8

9

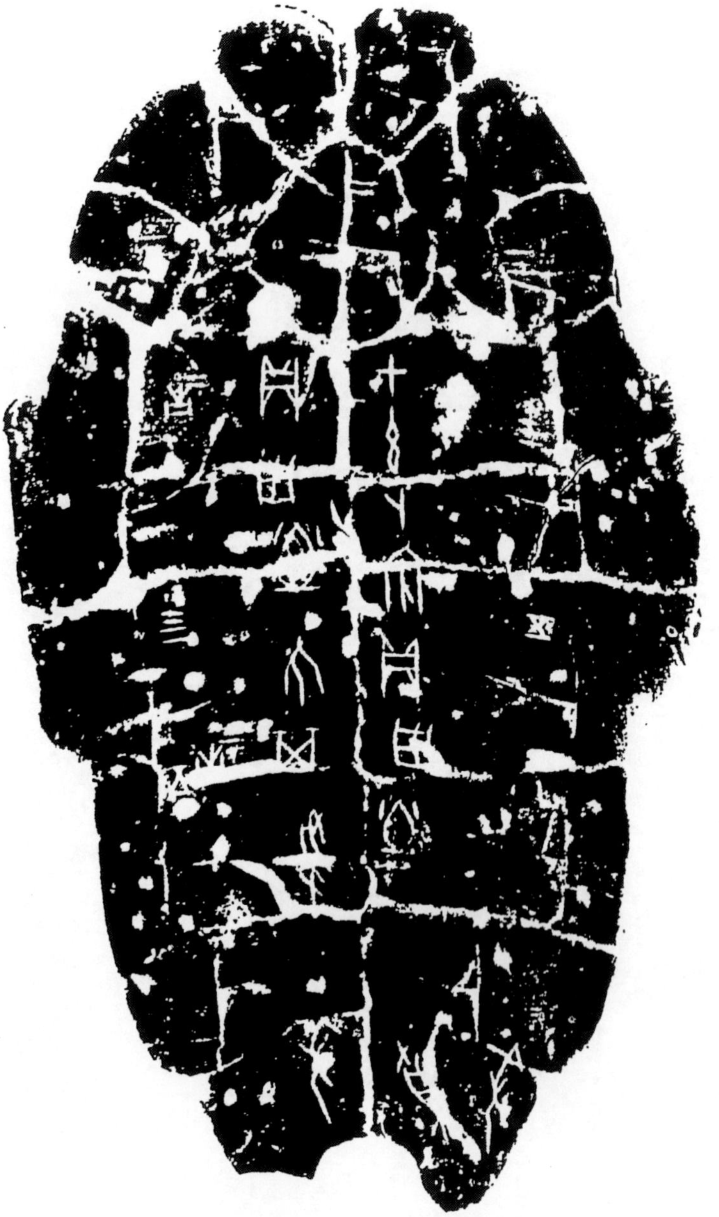

10

11

12

13

14

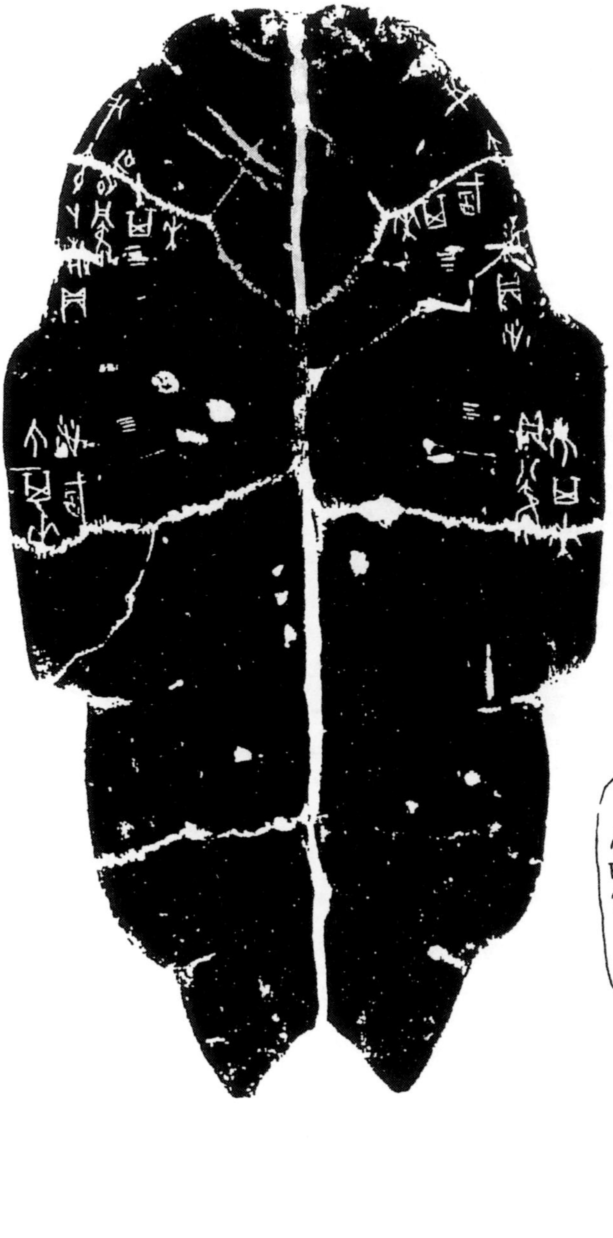

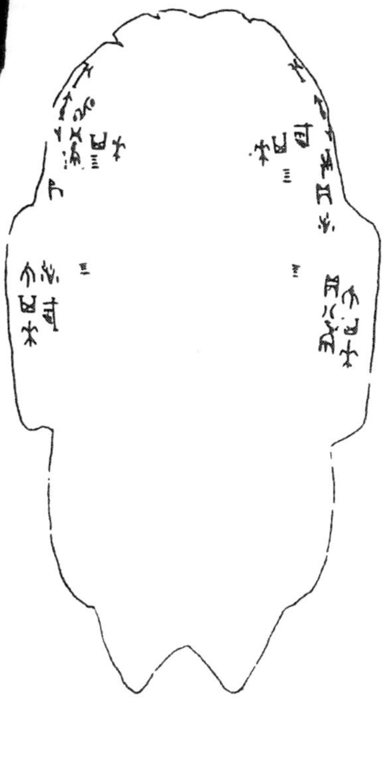

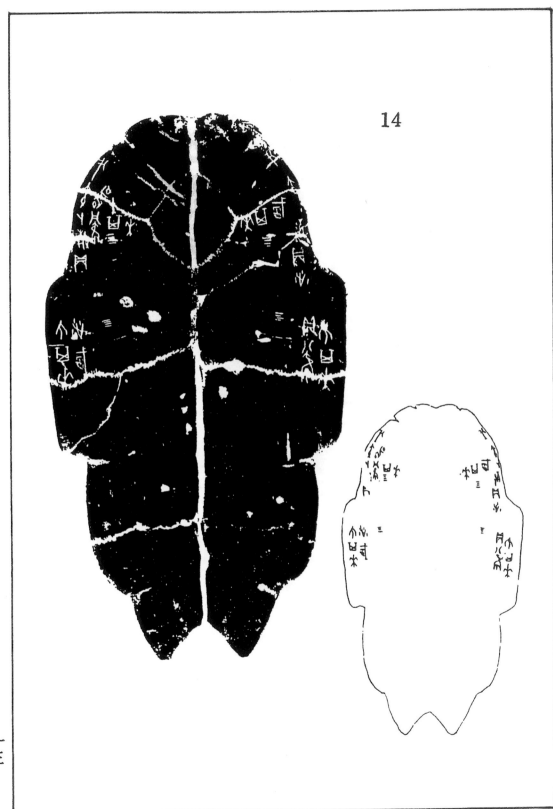

15

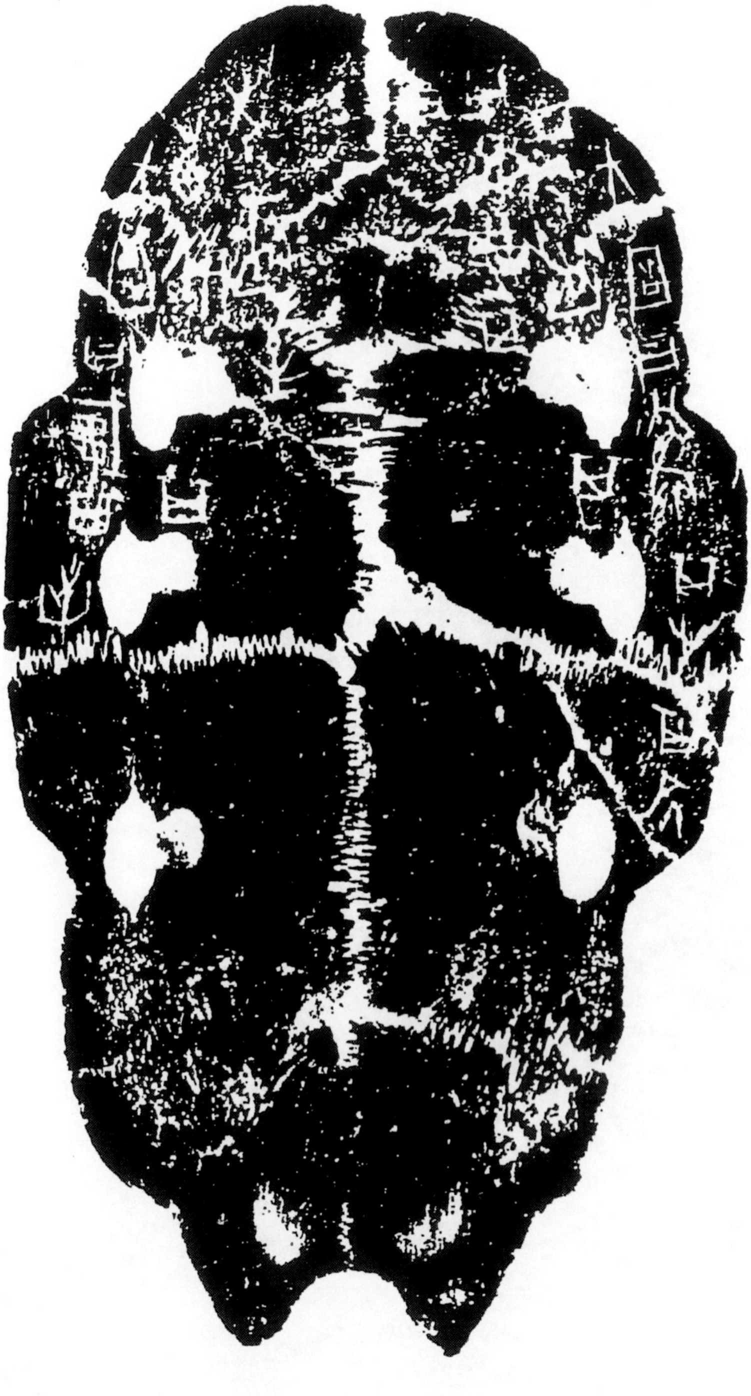

16

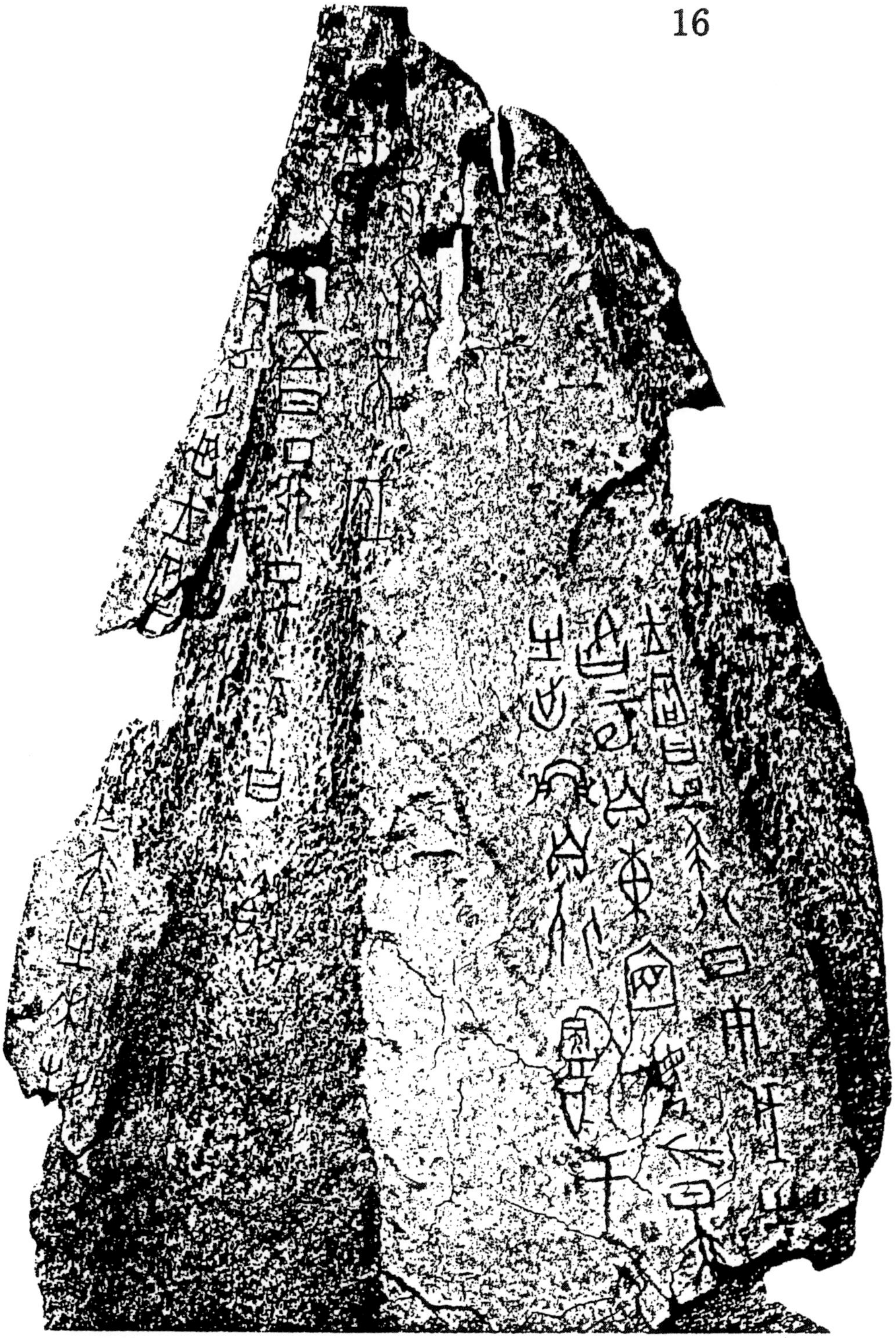

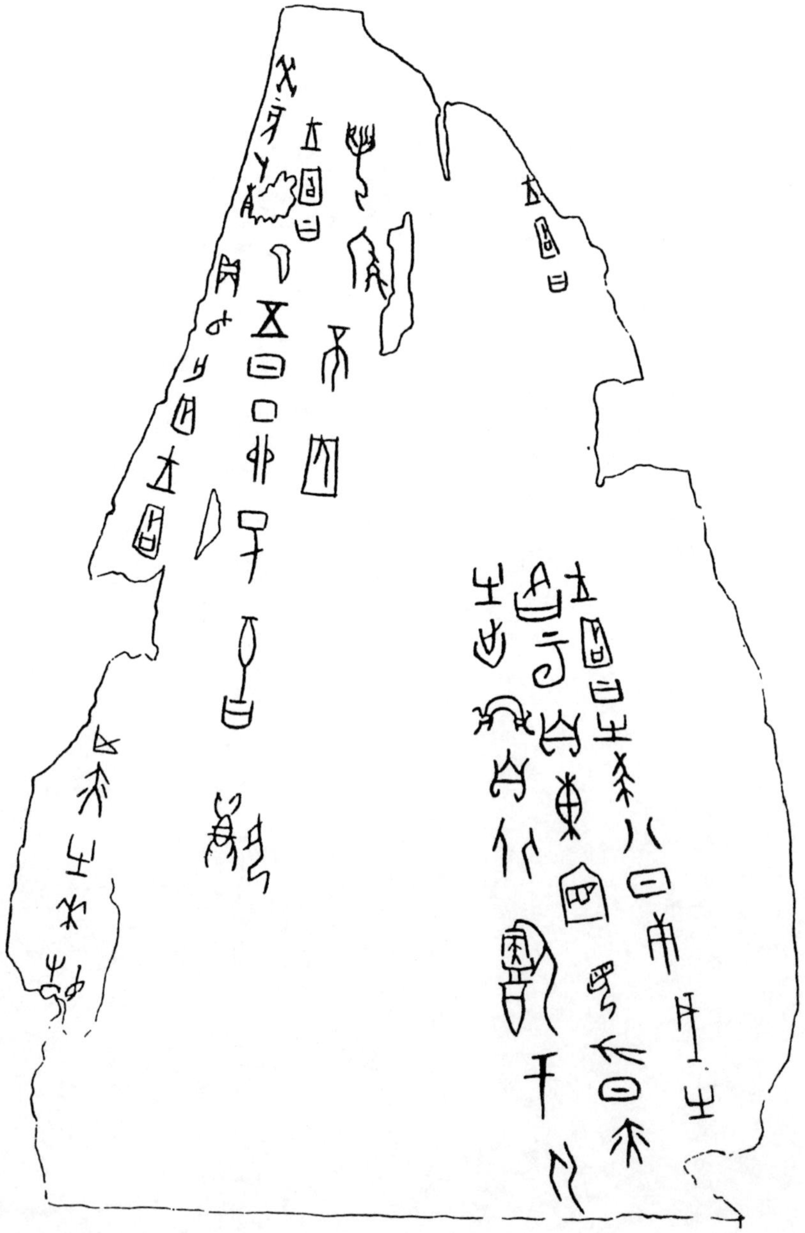

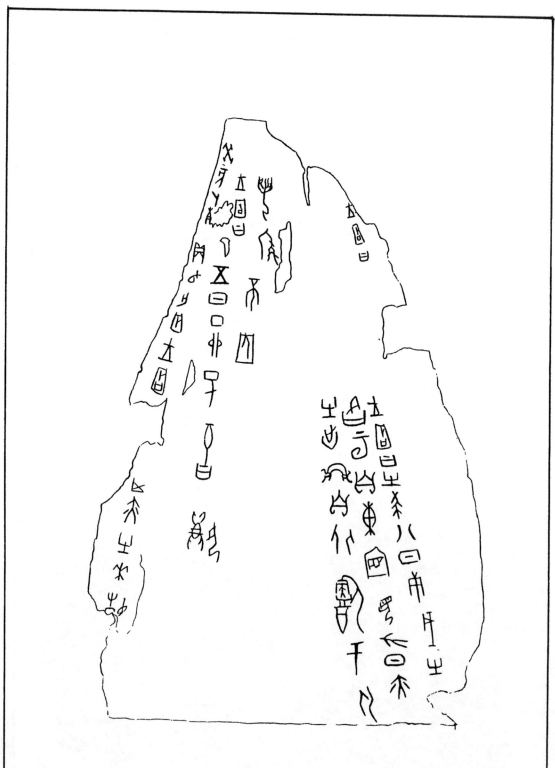

17

18

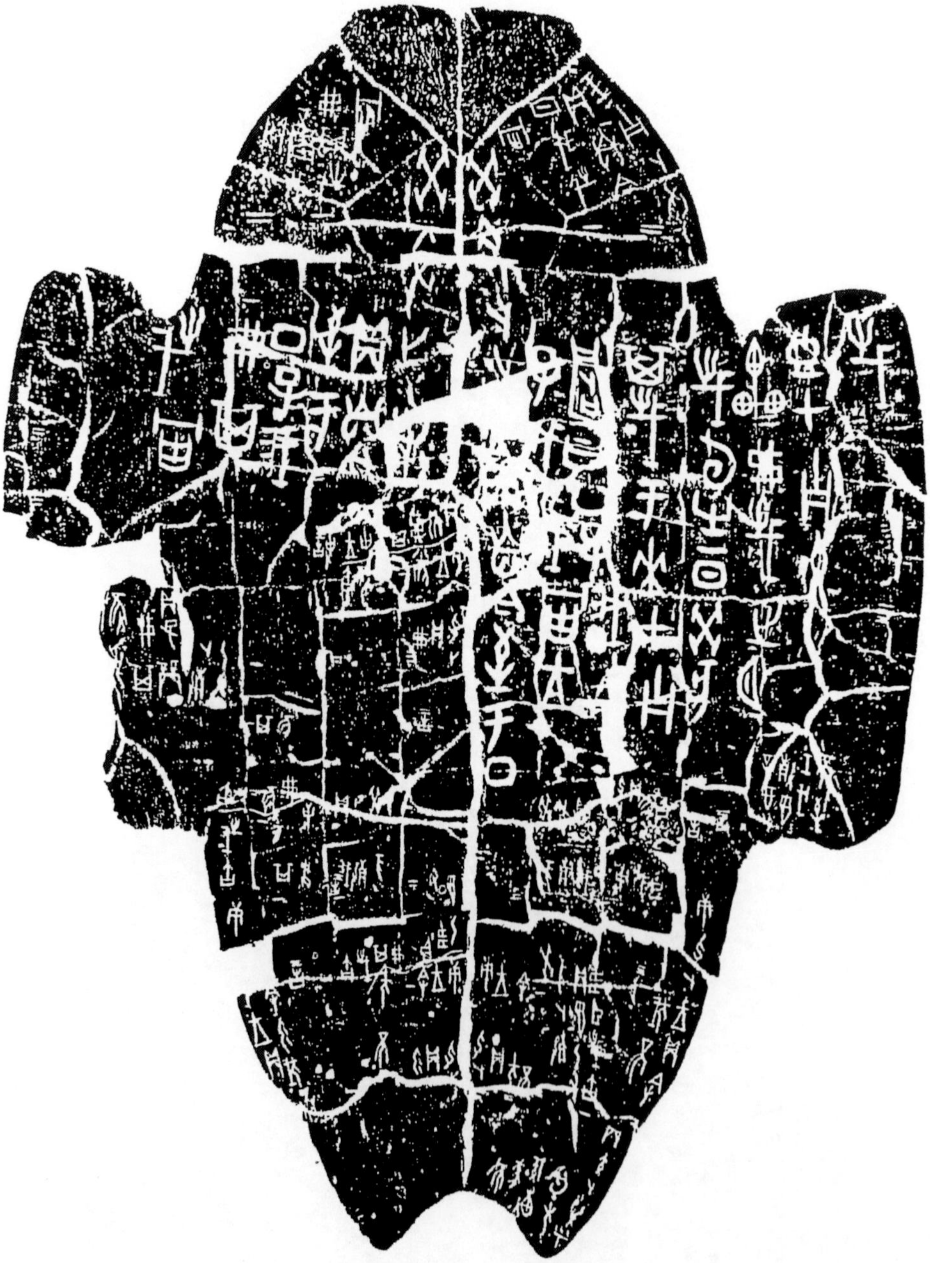

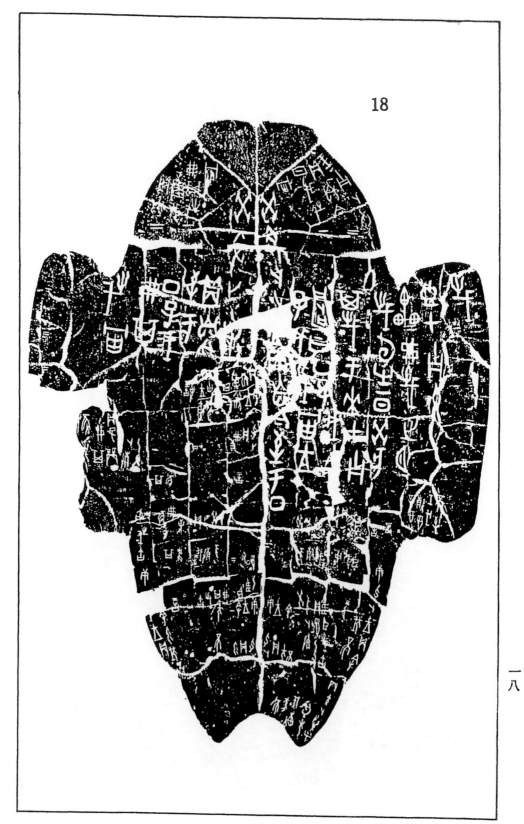

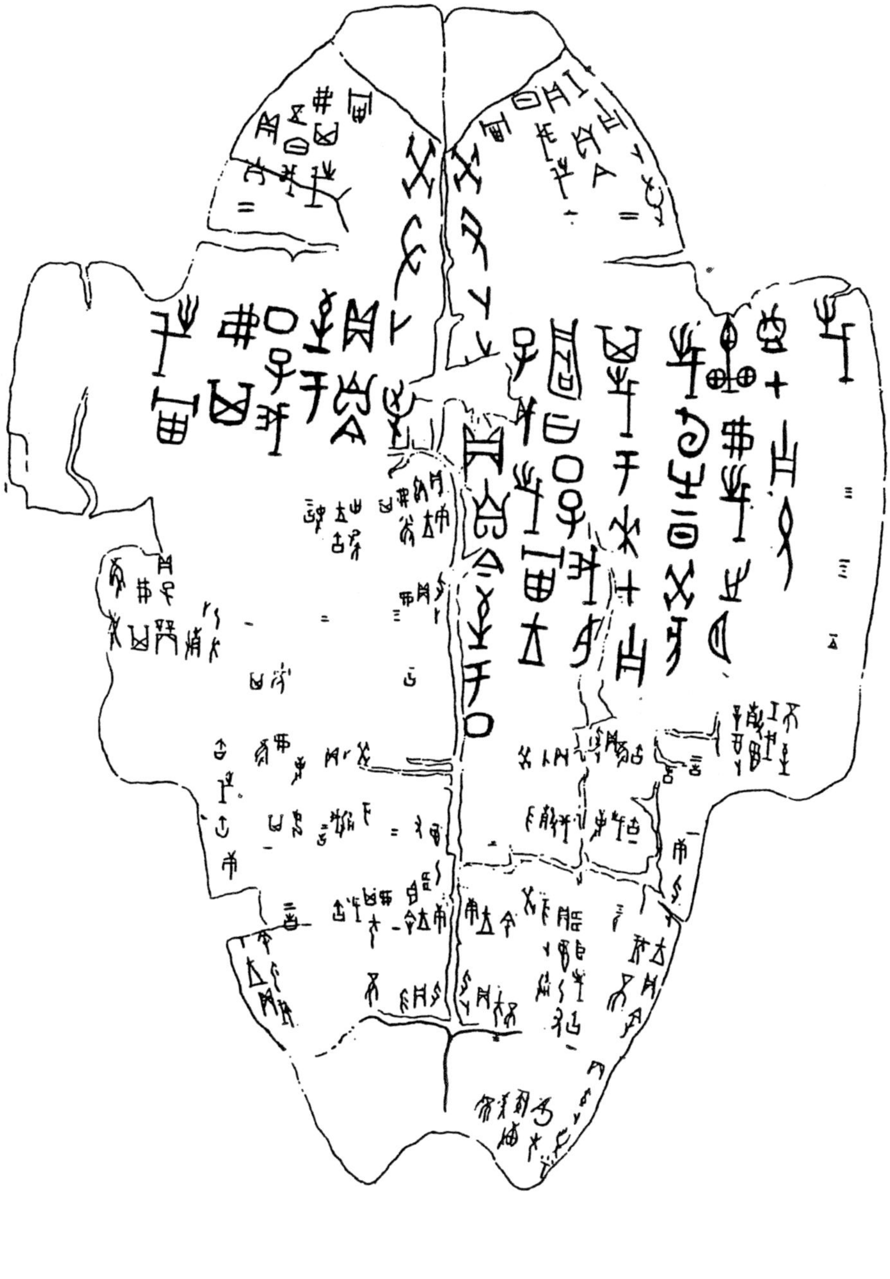

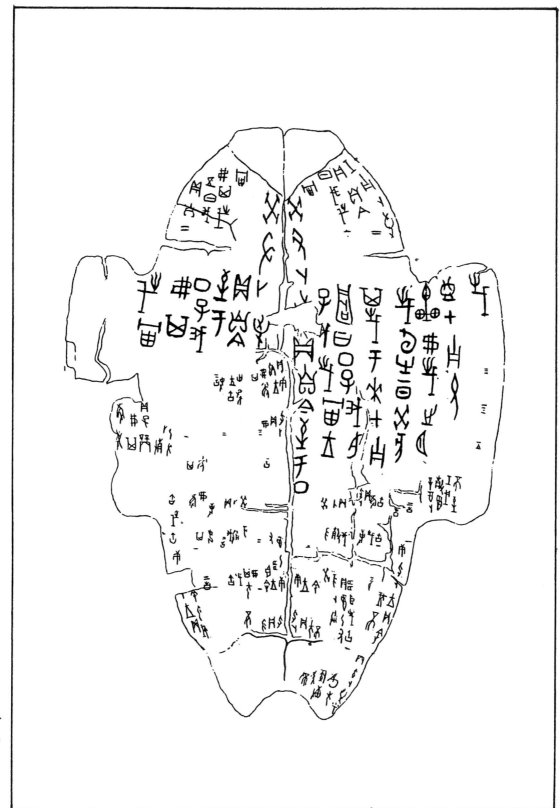

19

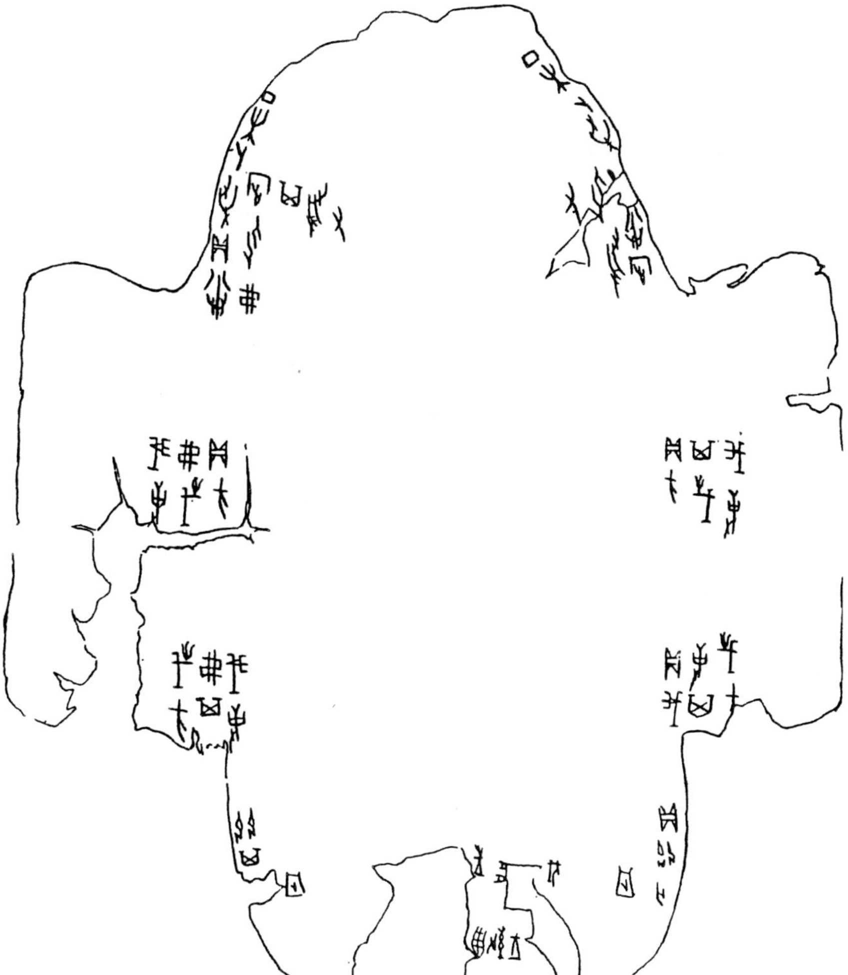

20

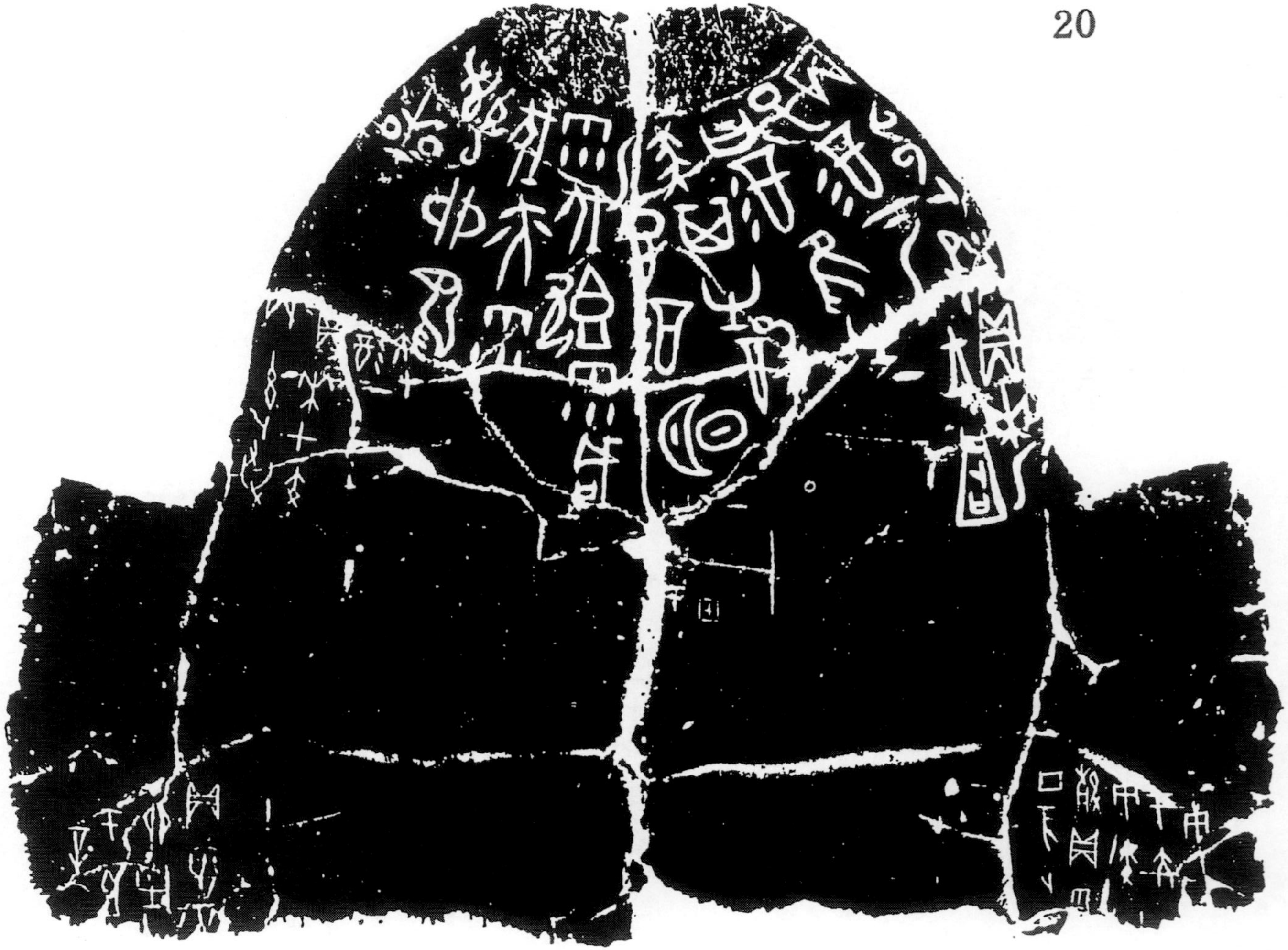

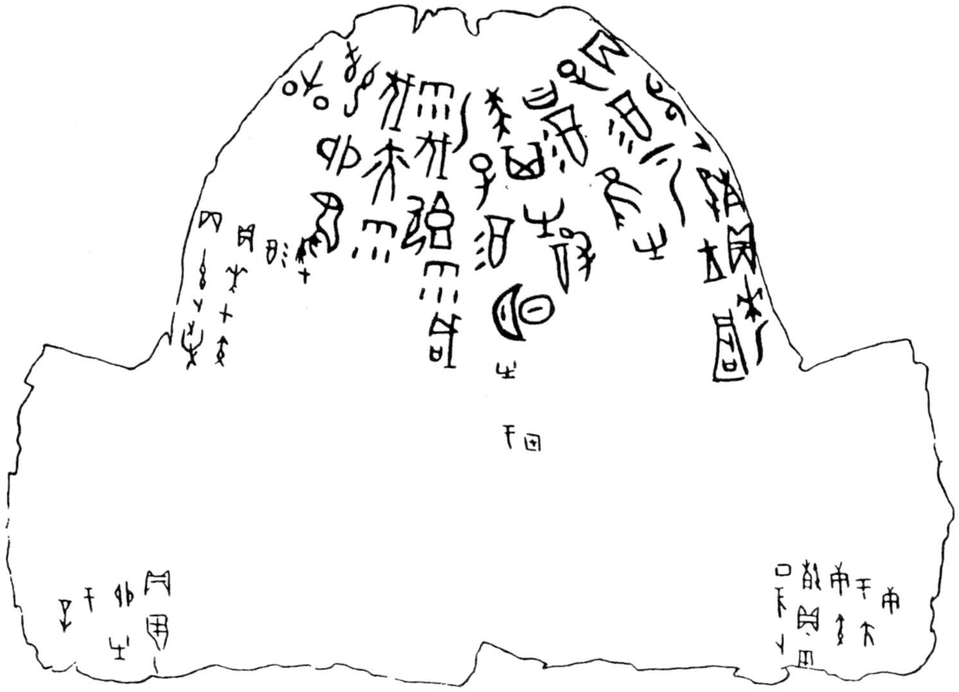

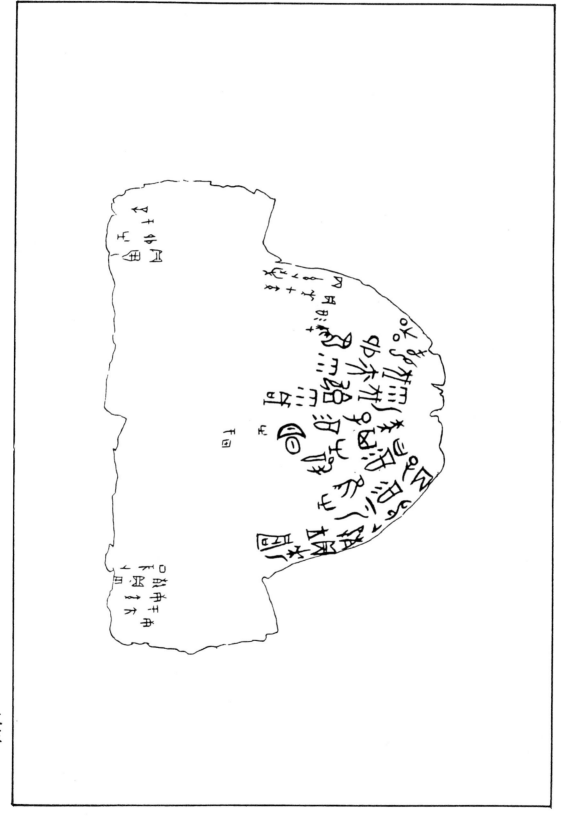

21

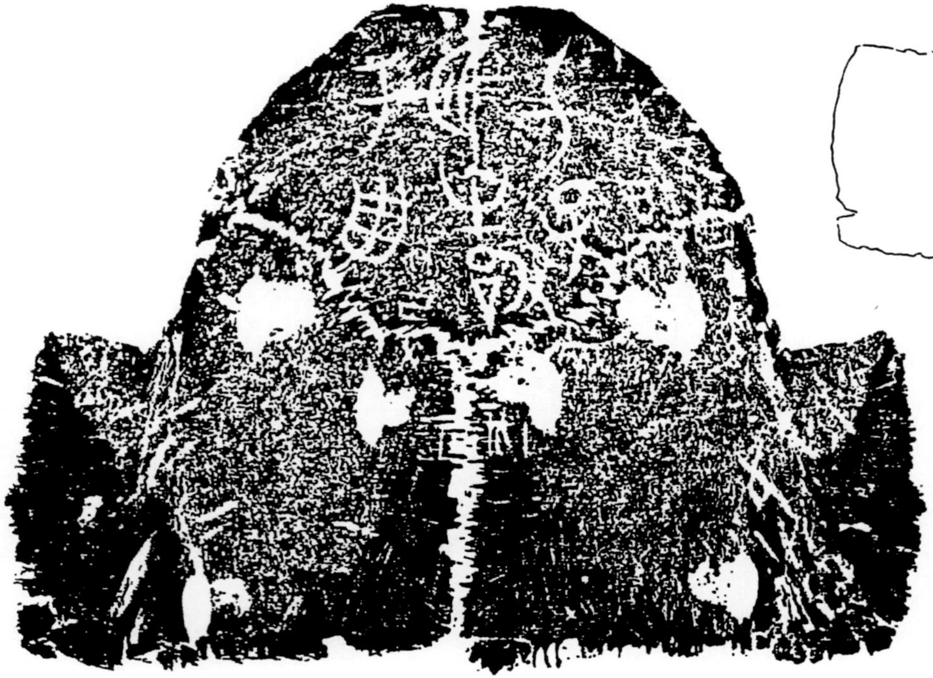

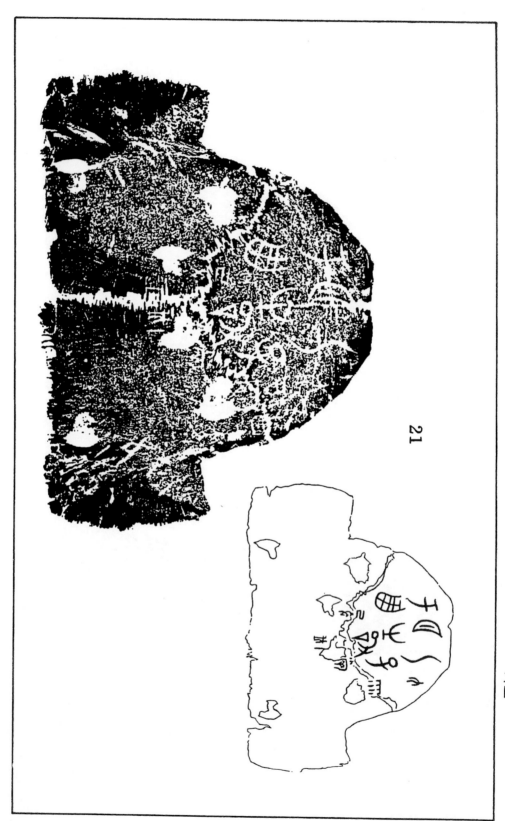

22

23

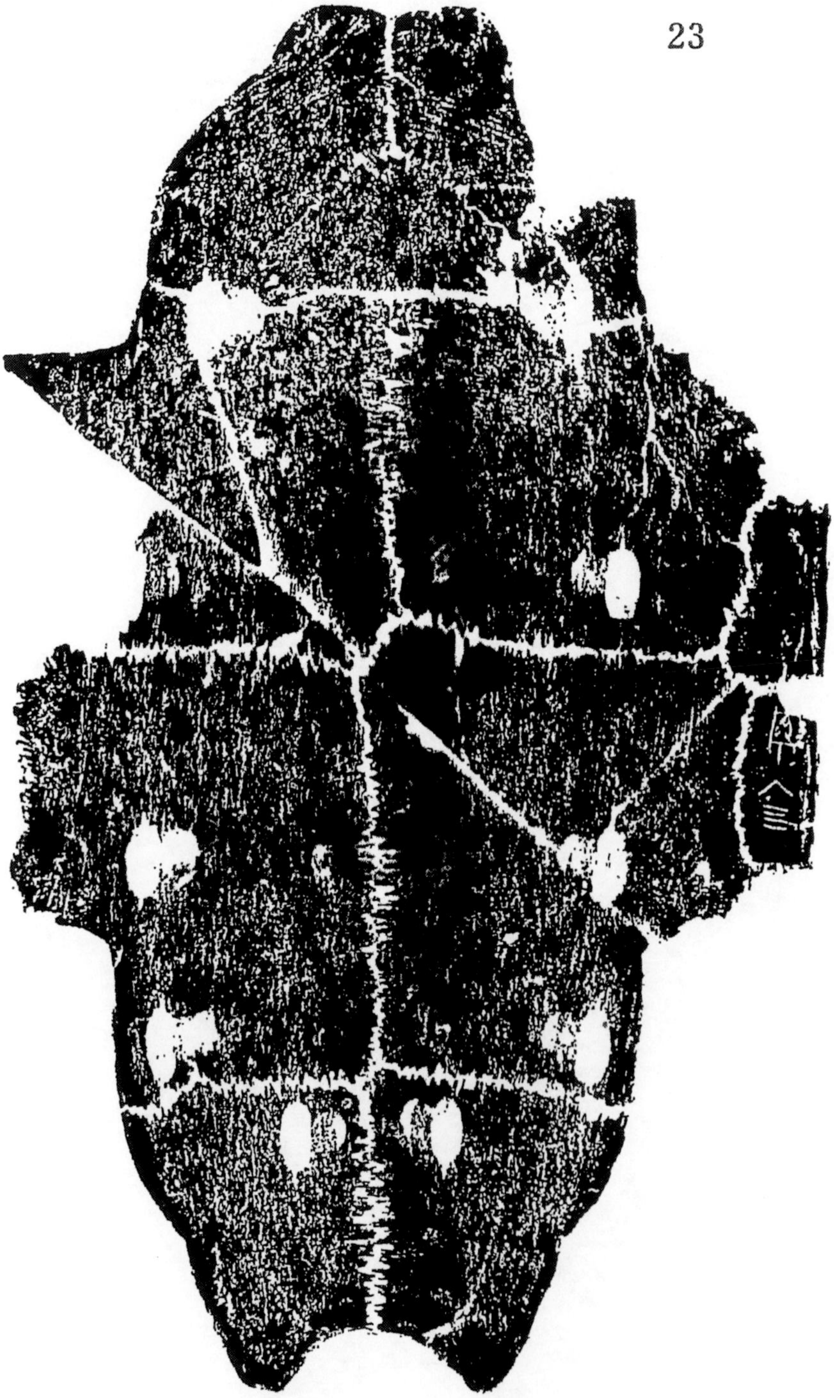

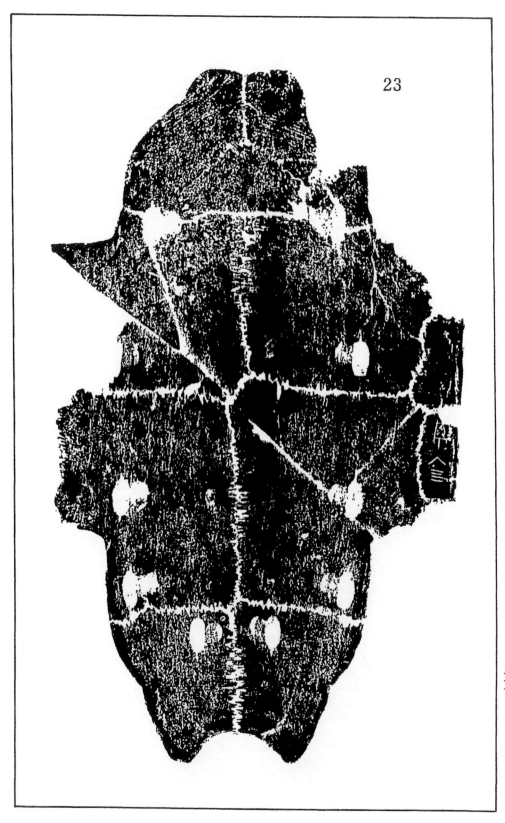

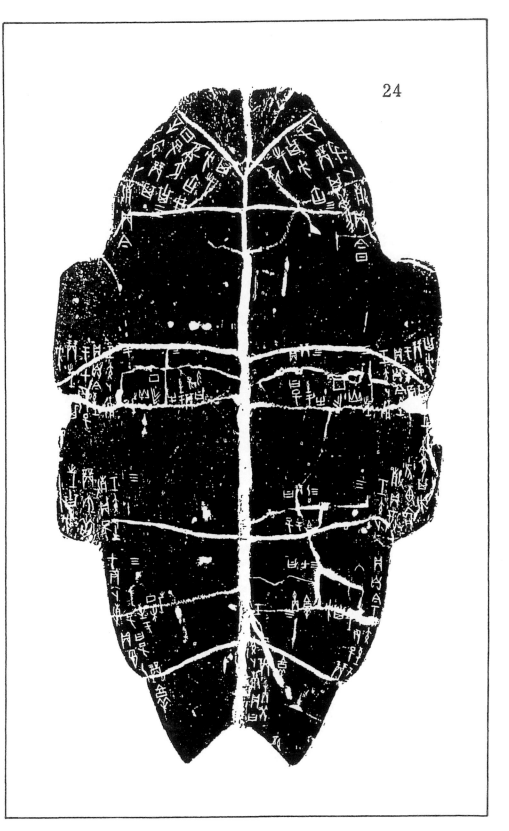

25

26

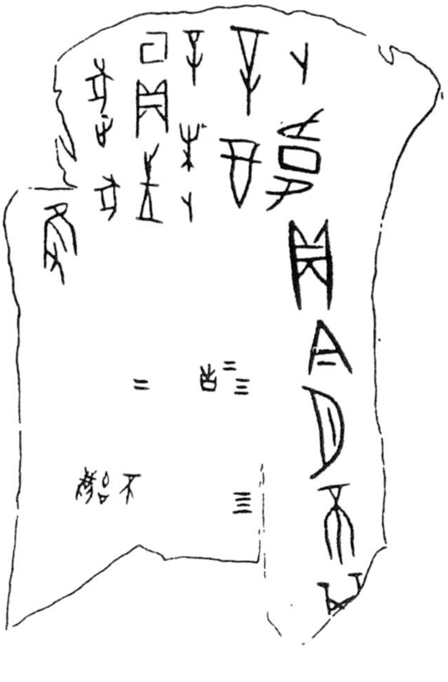

27

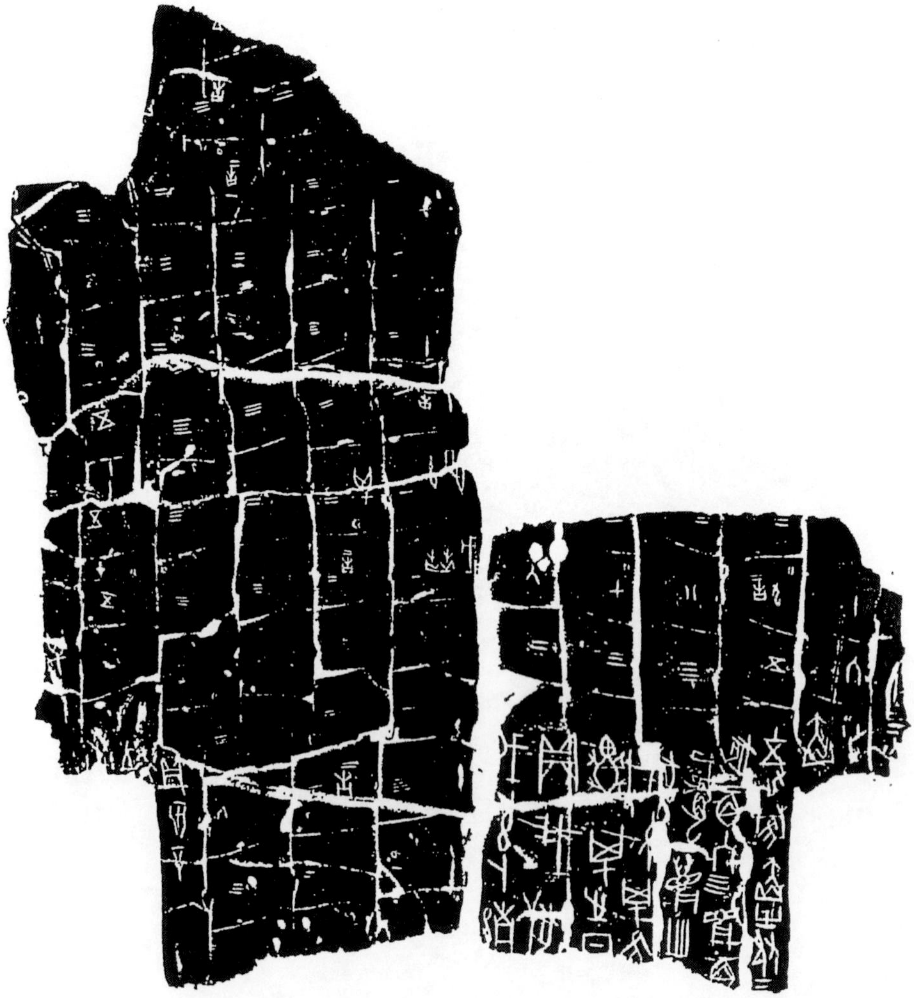

28

29

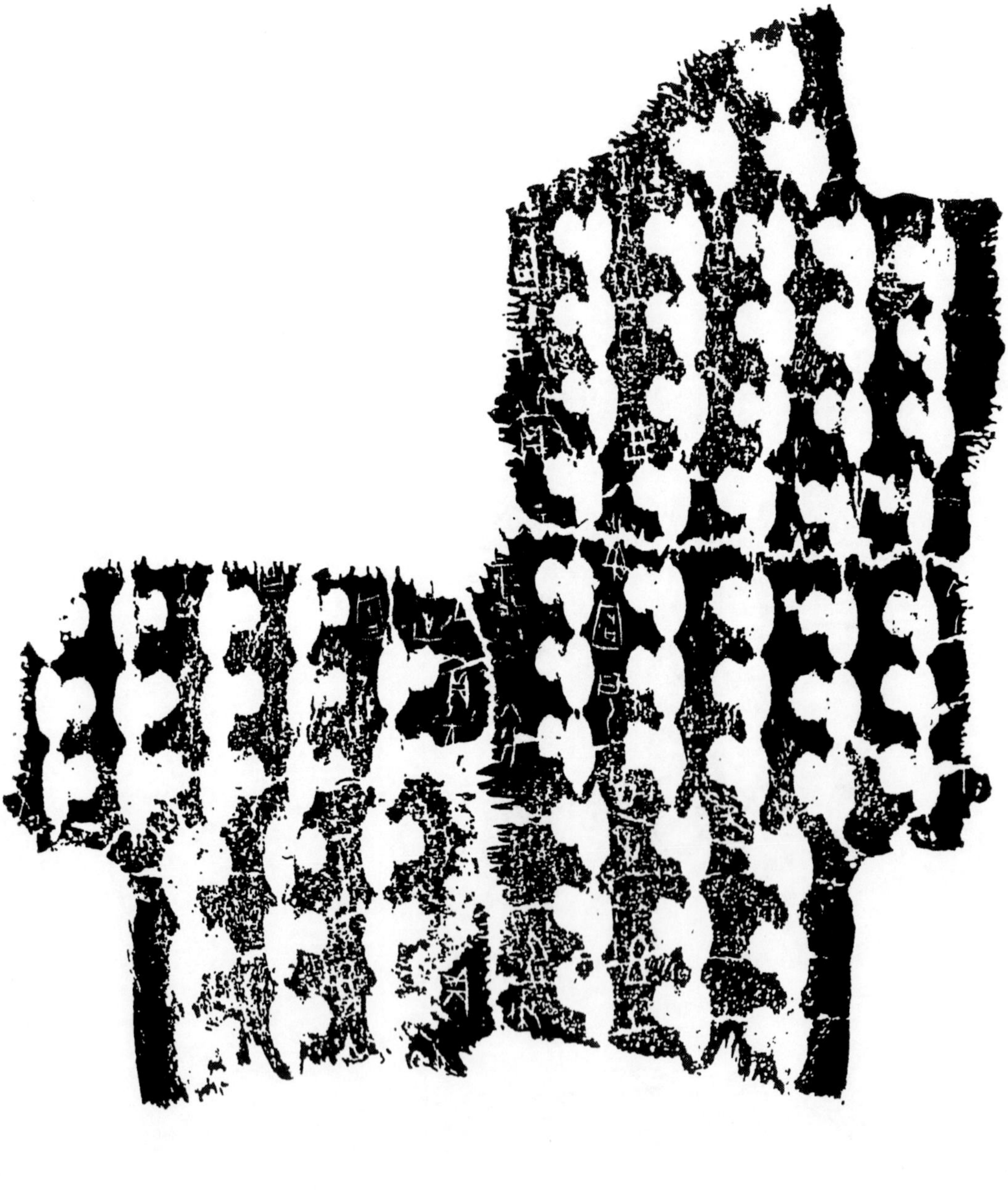

30

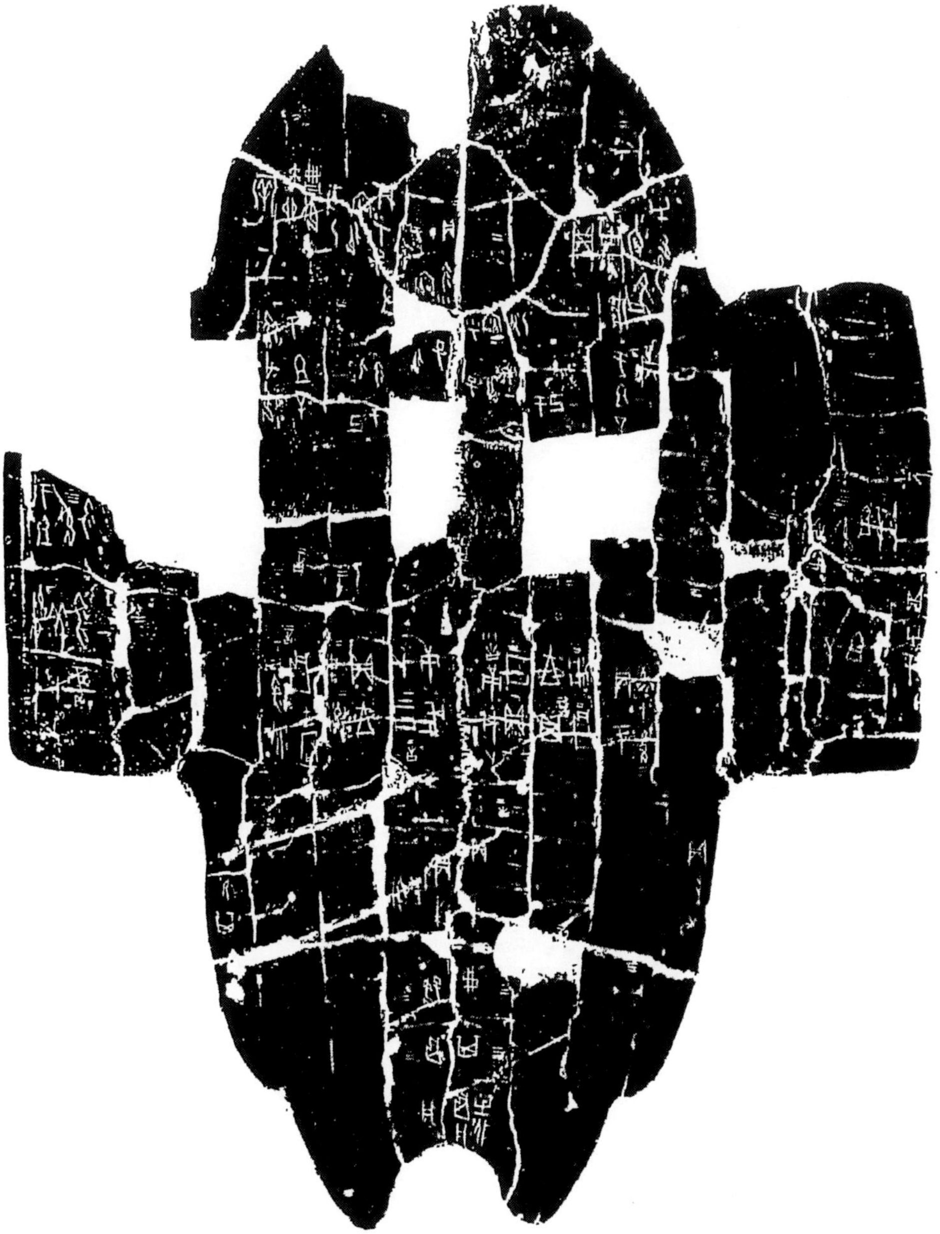

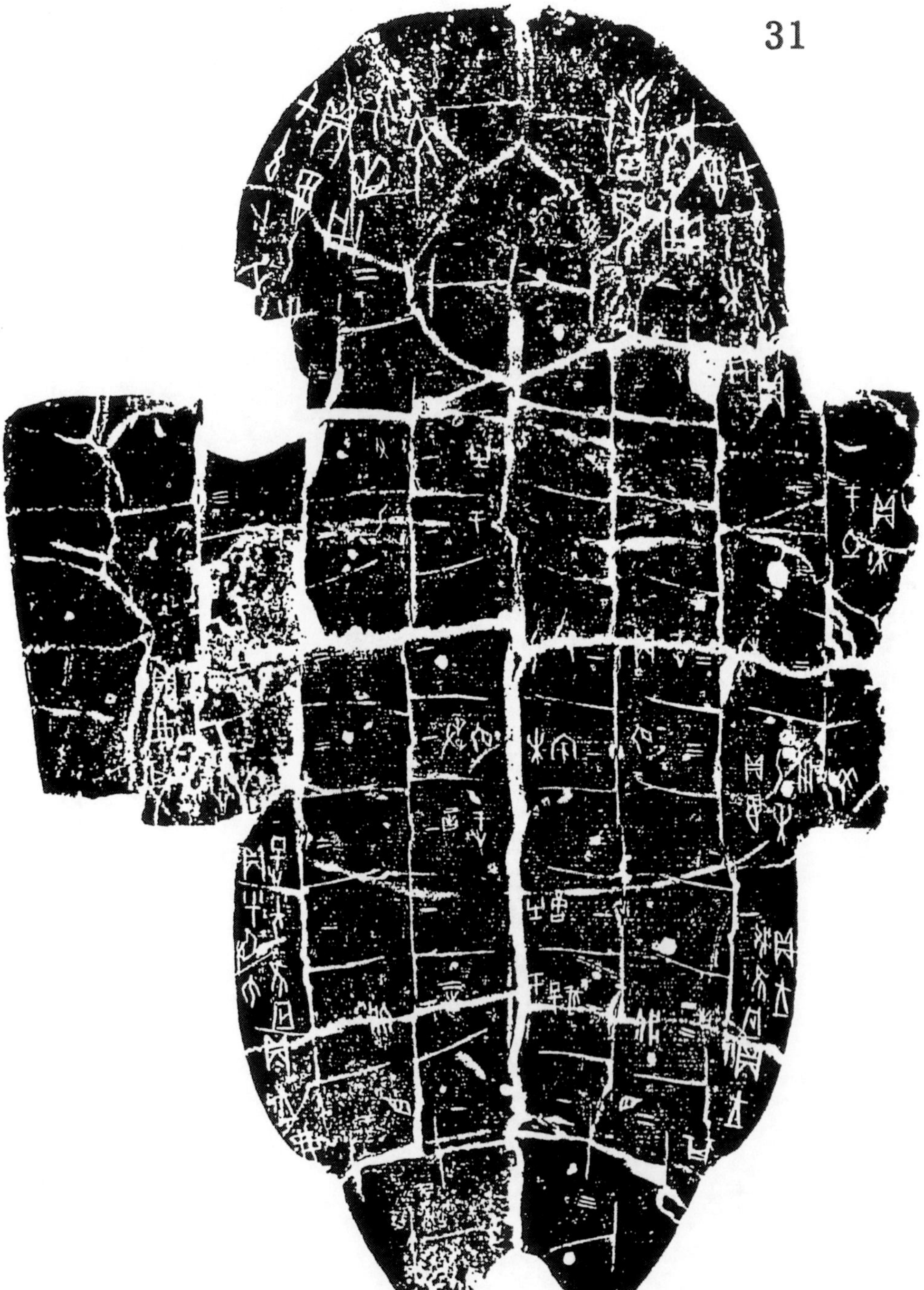

31

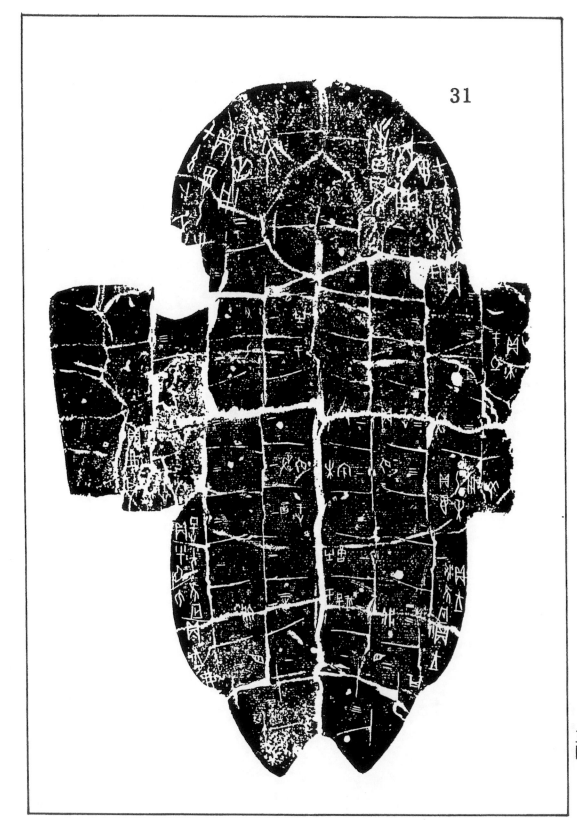

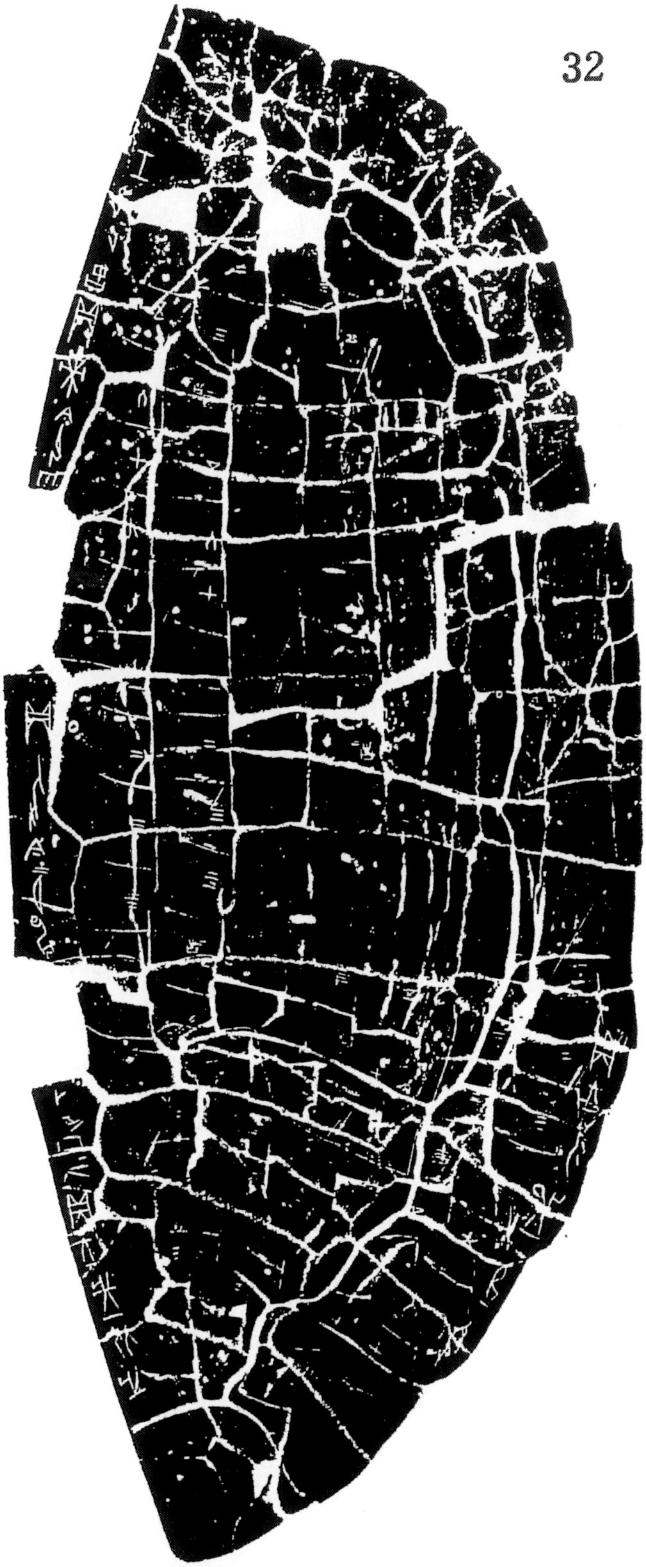

32

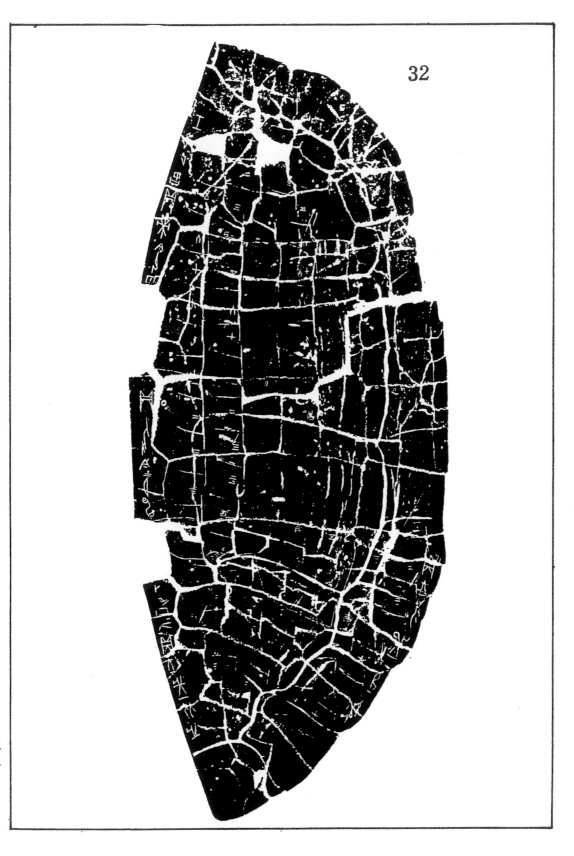

33

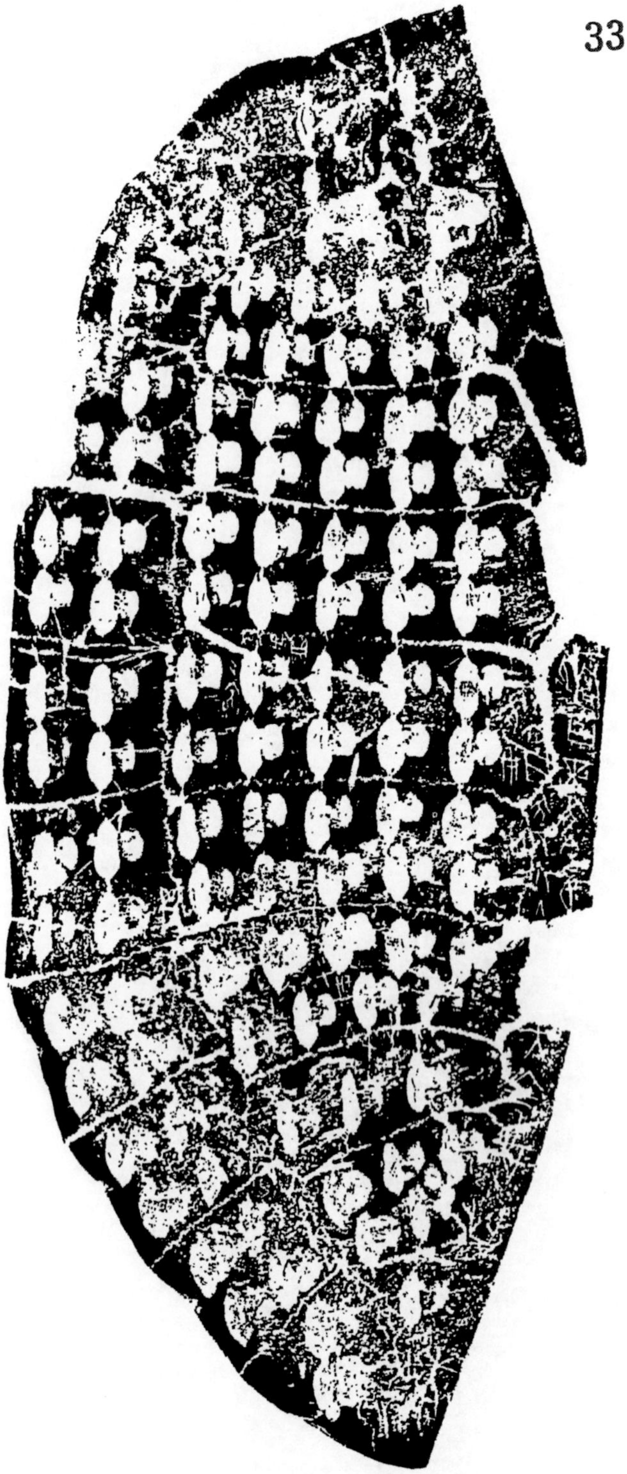

34

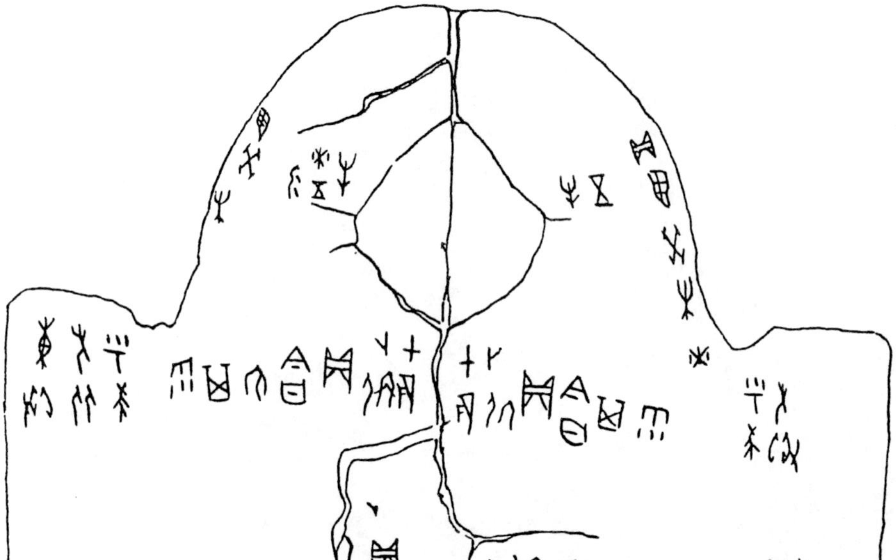

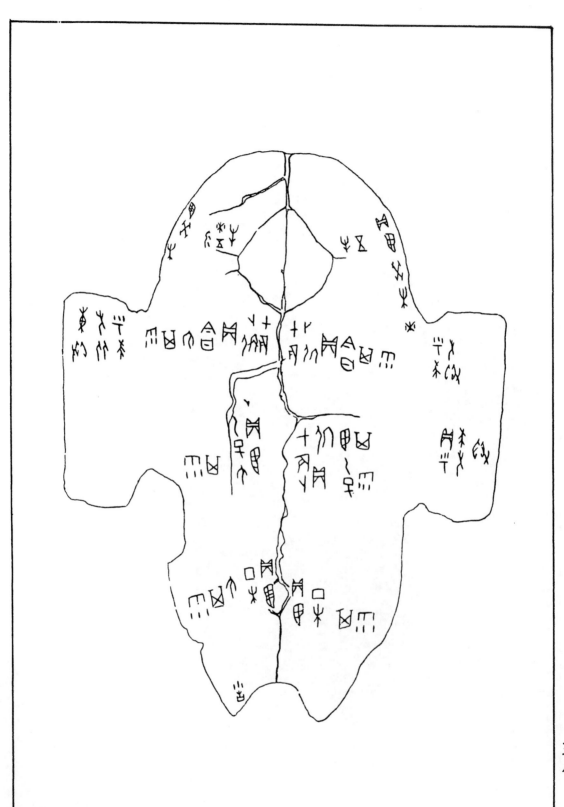

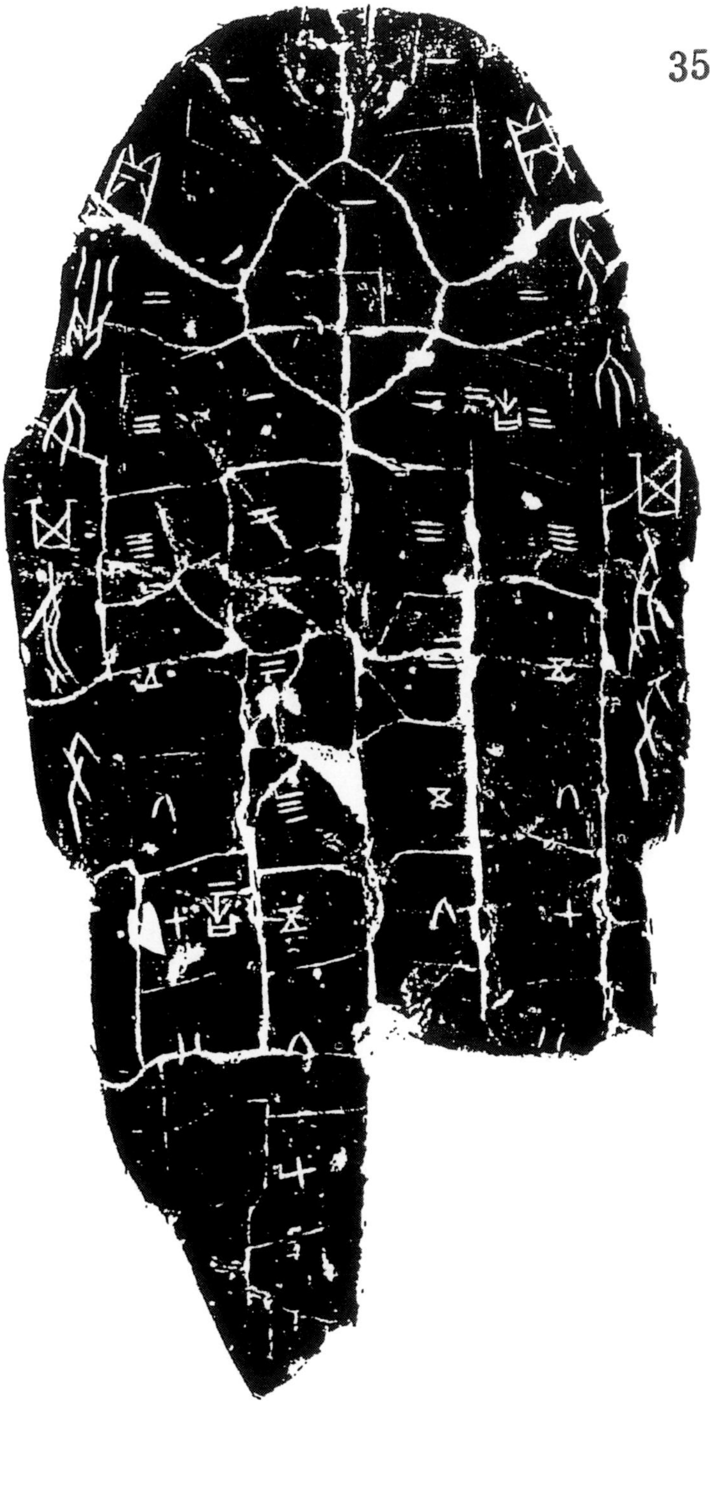

35

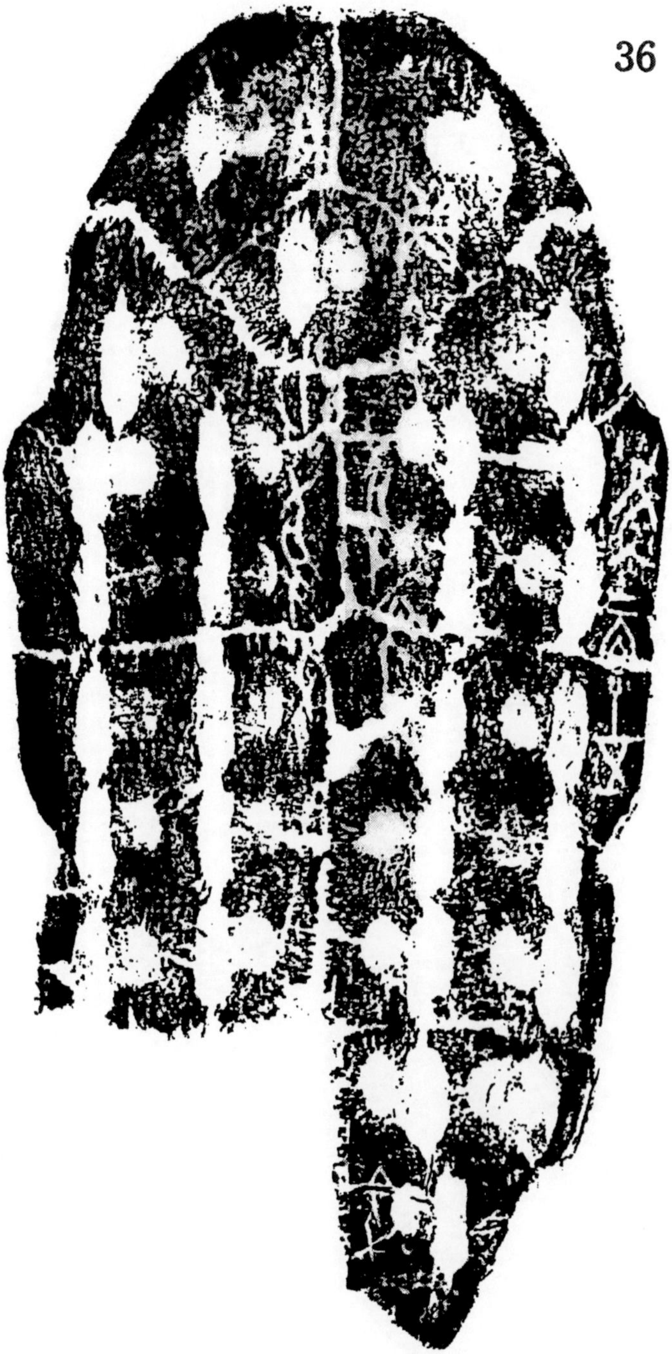

36

37

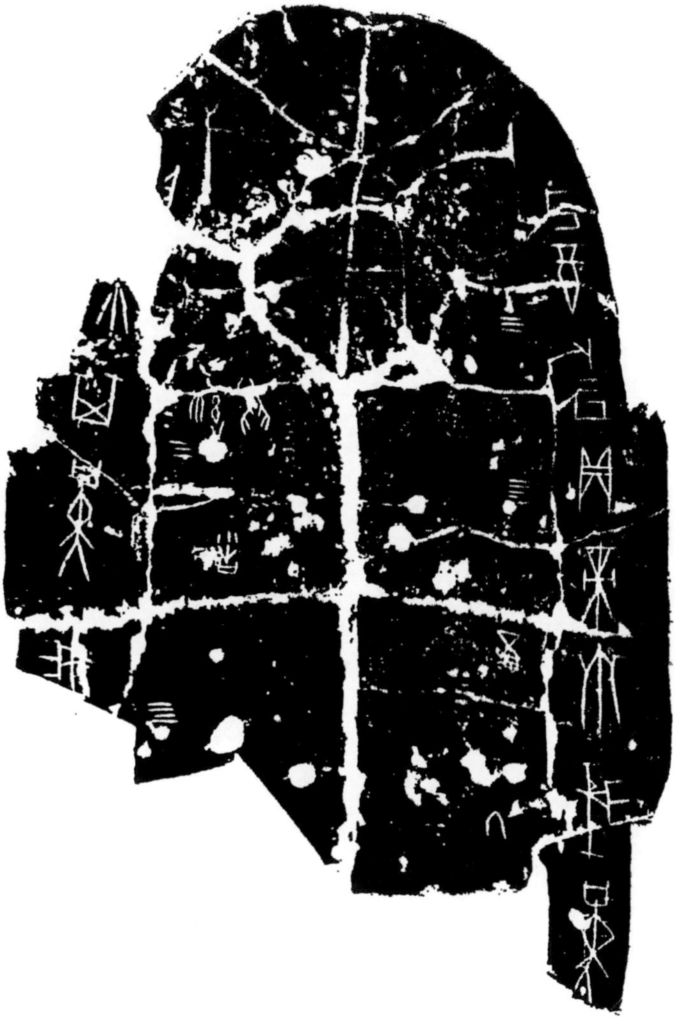

38

39

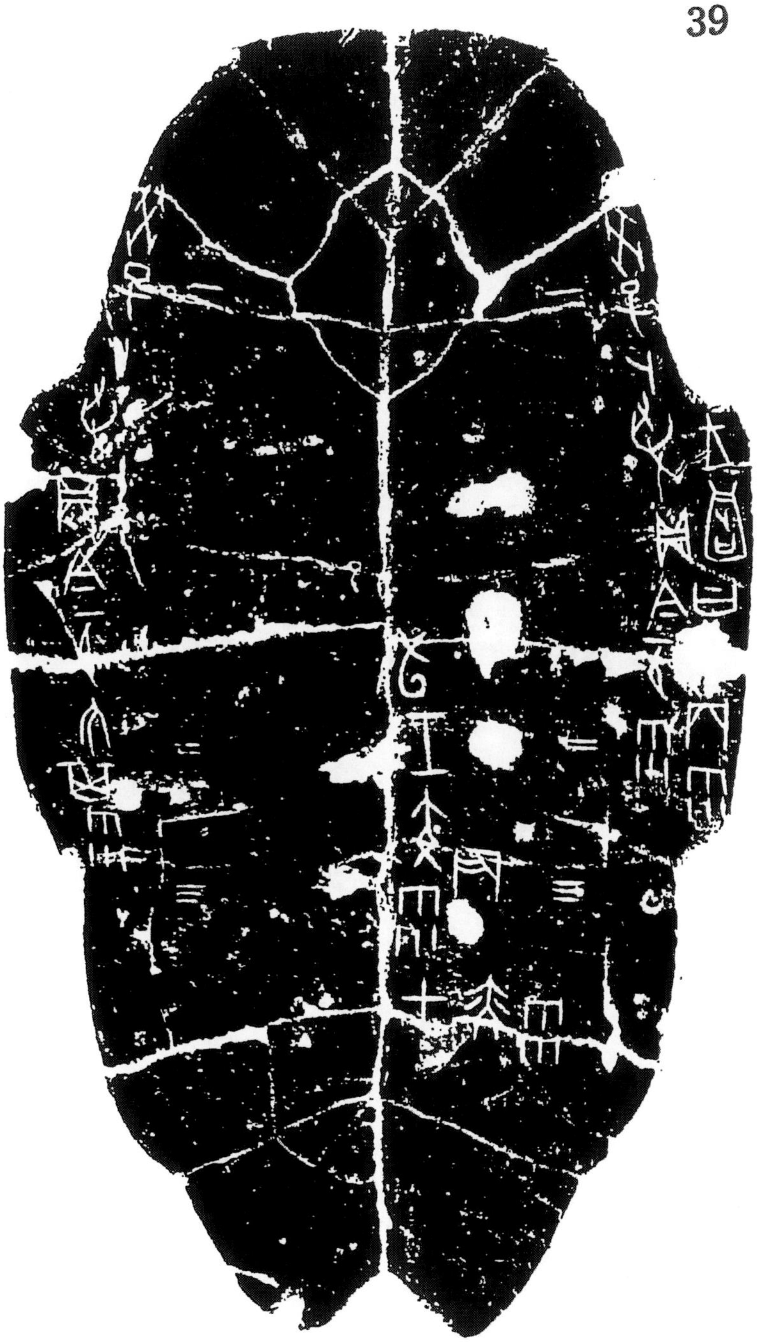

40

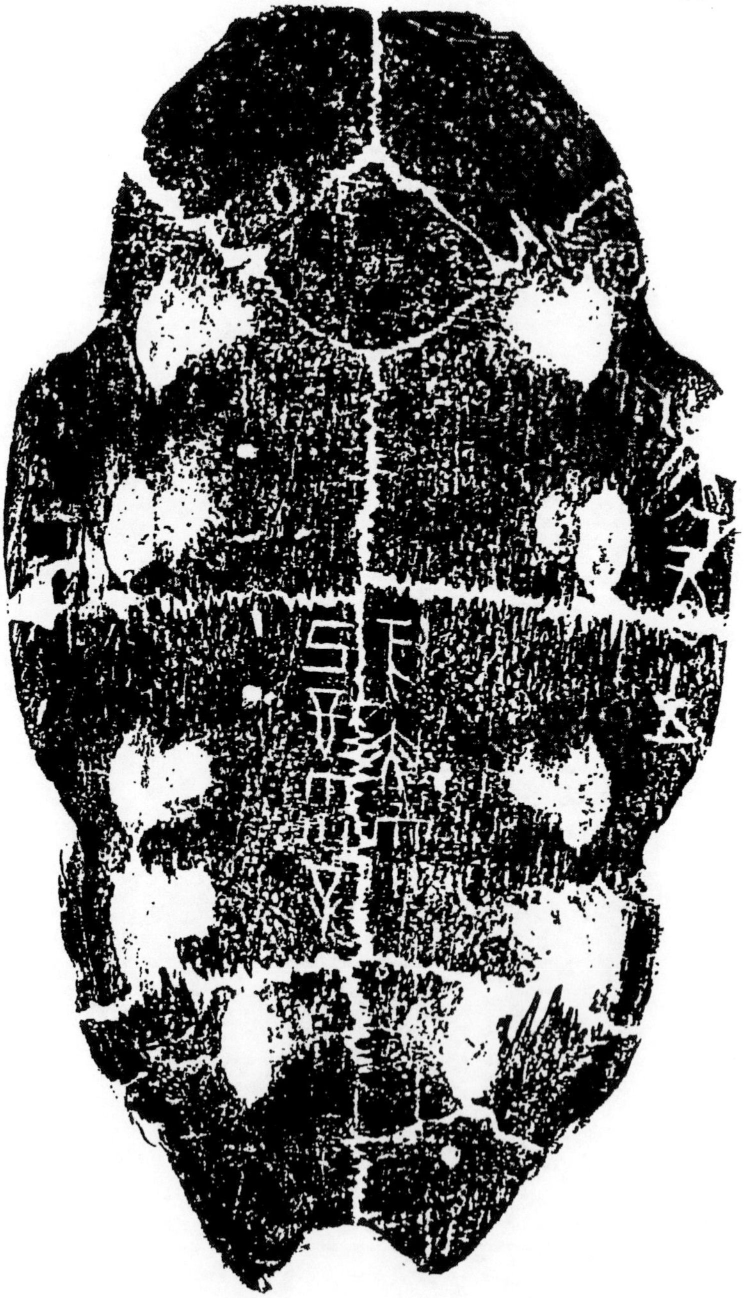

41

42

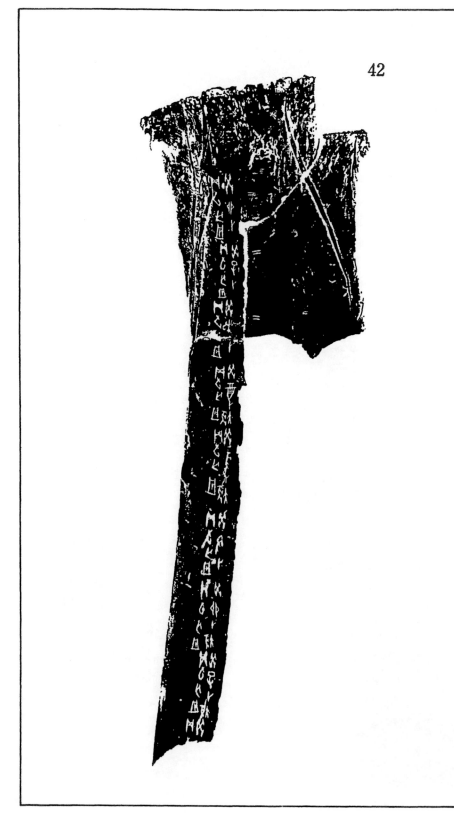

43

44

45

46

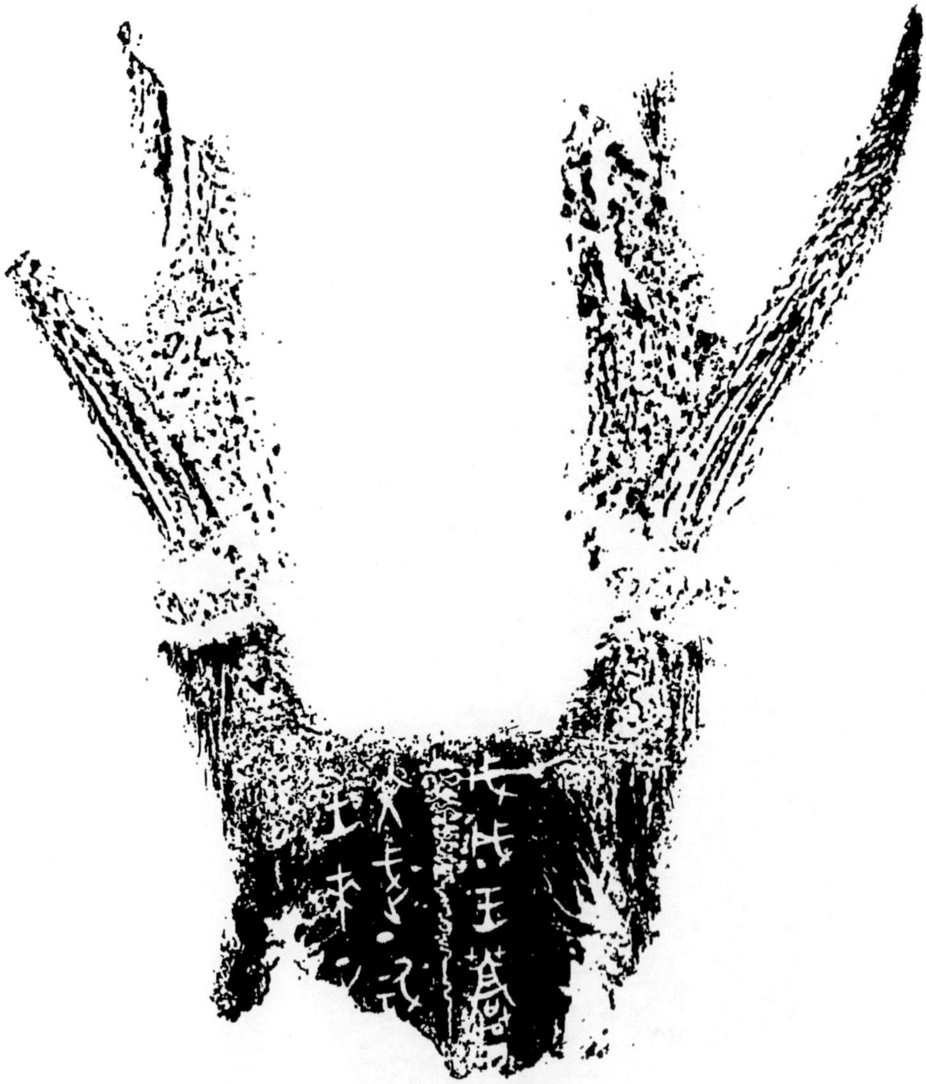

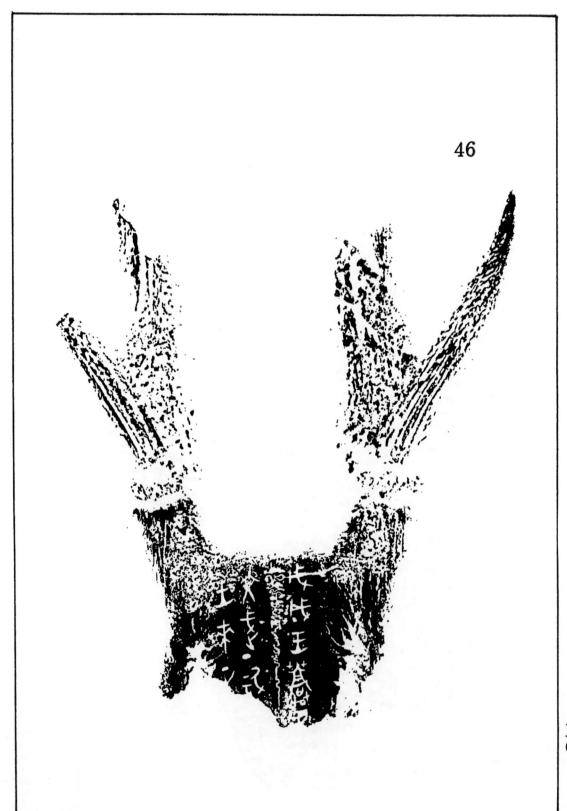

47

48

49

50

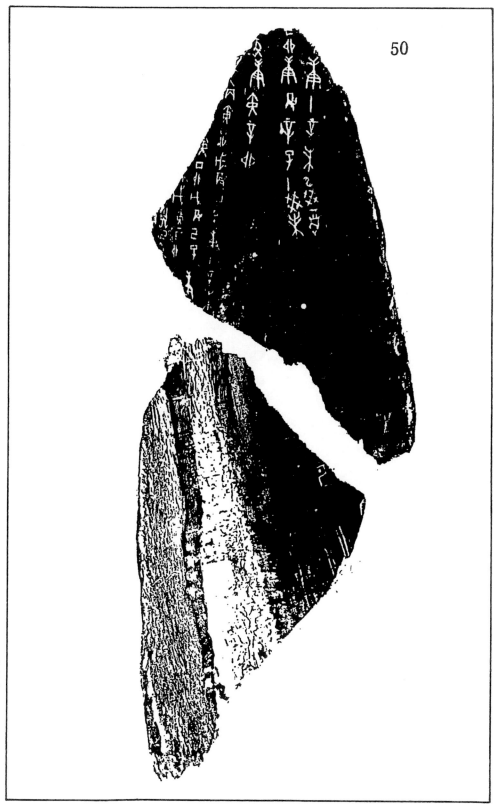

51

52

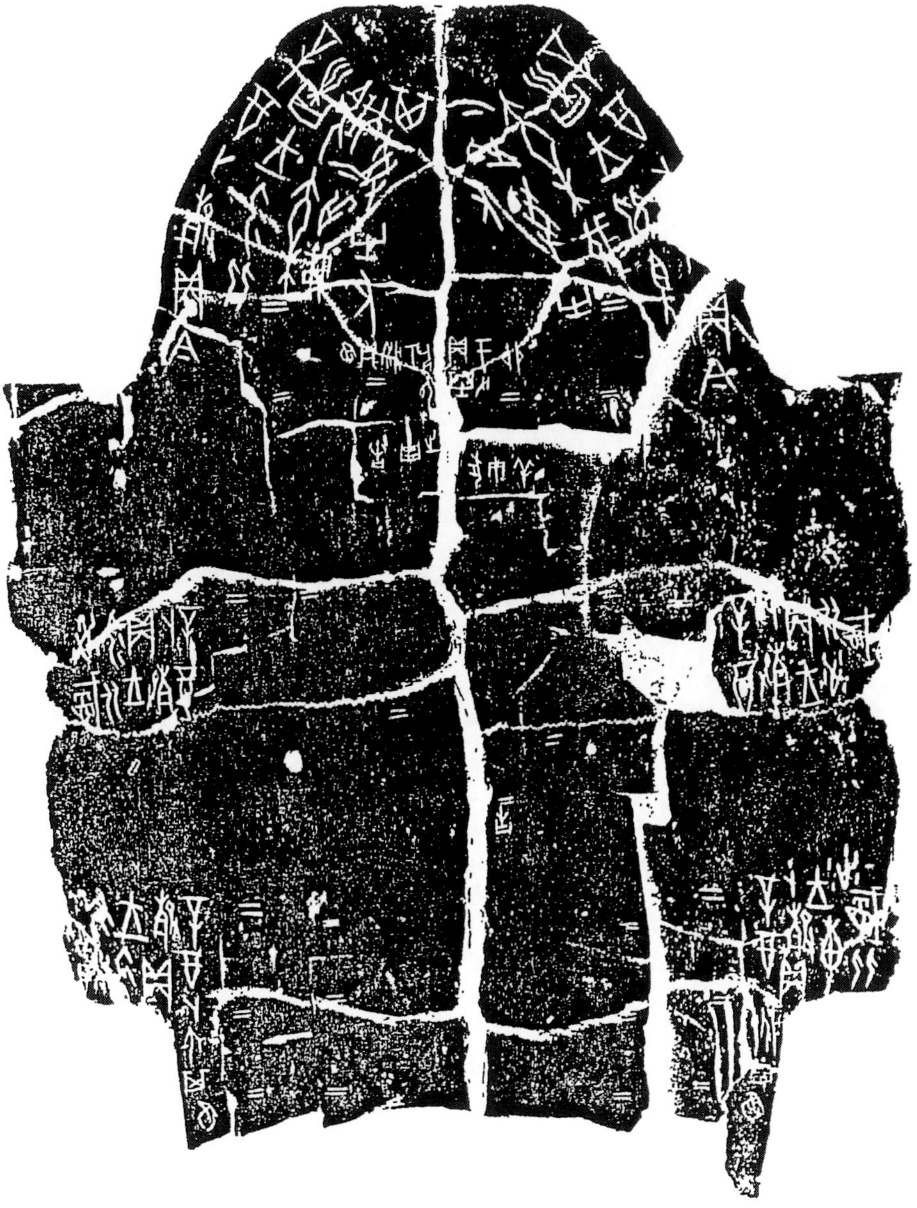

53

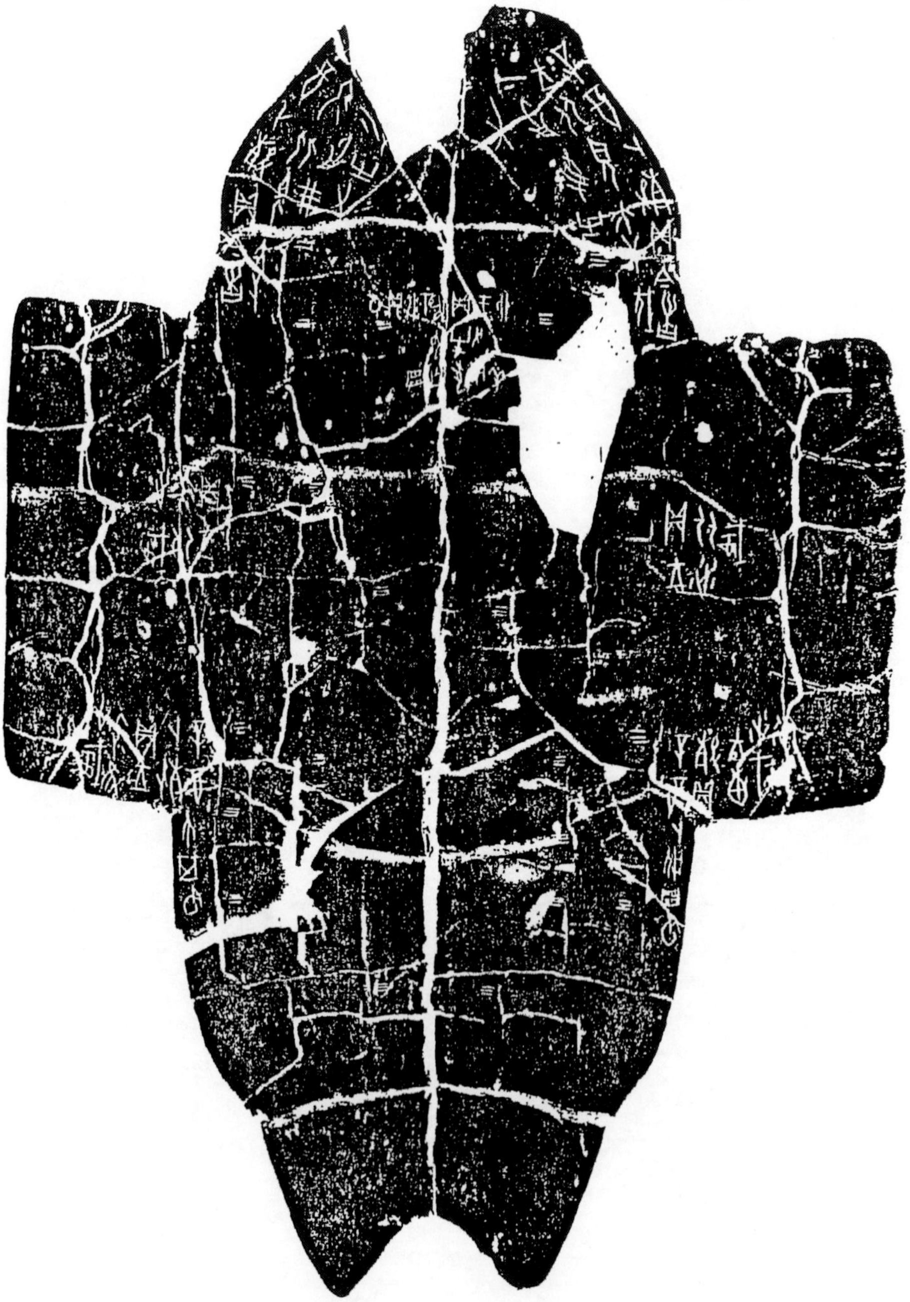

54

55

奠井尗鐘

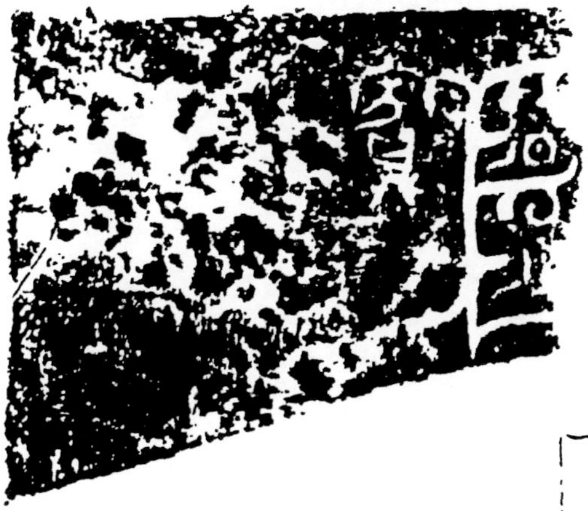

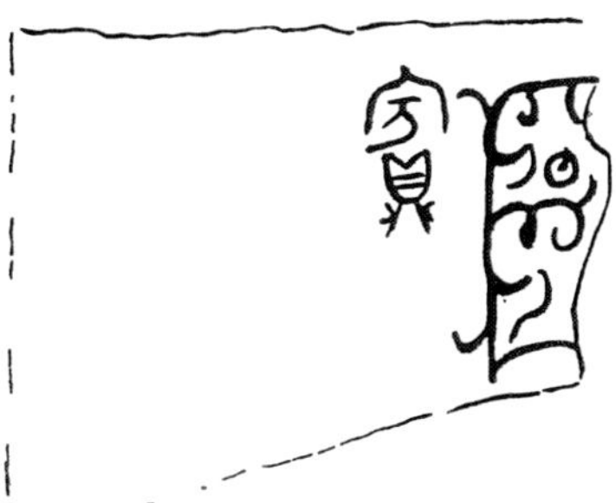

楚公鐘

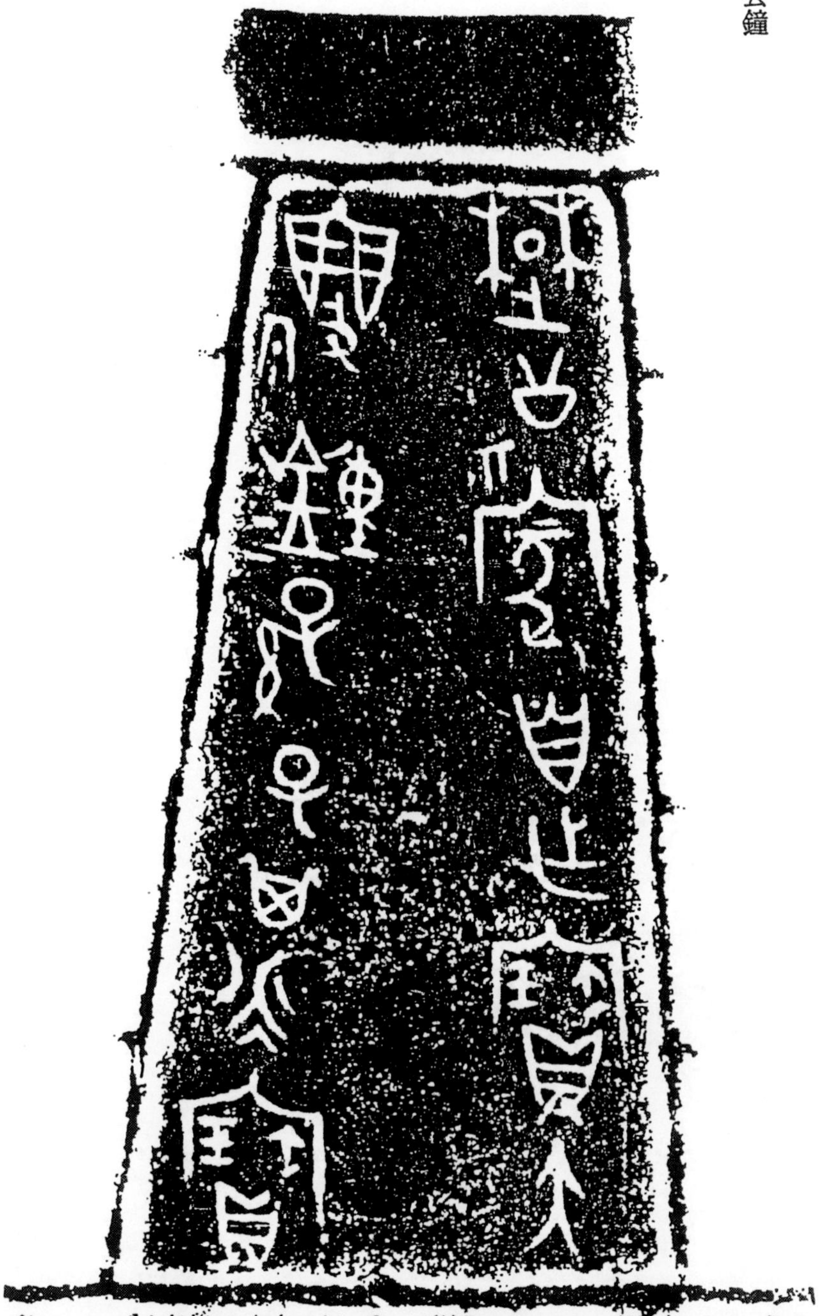

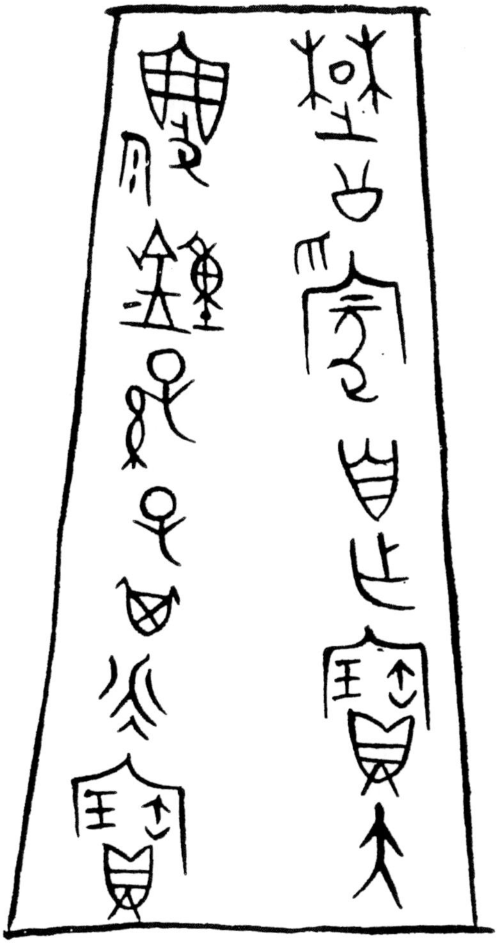

兮仲鐘

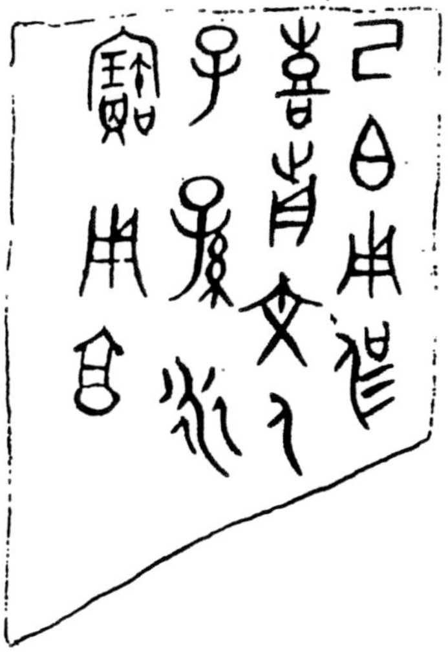

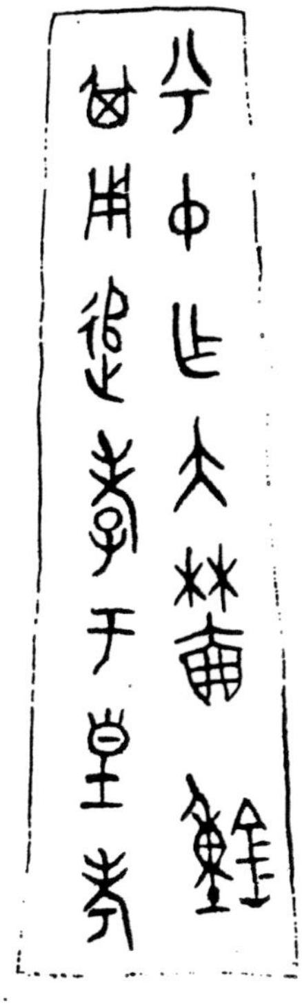

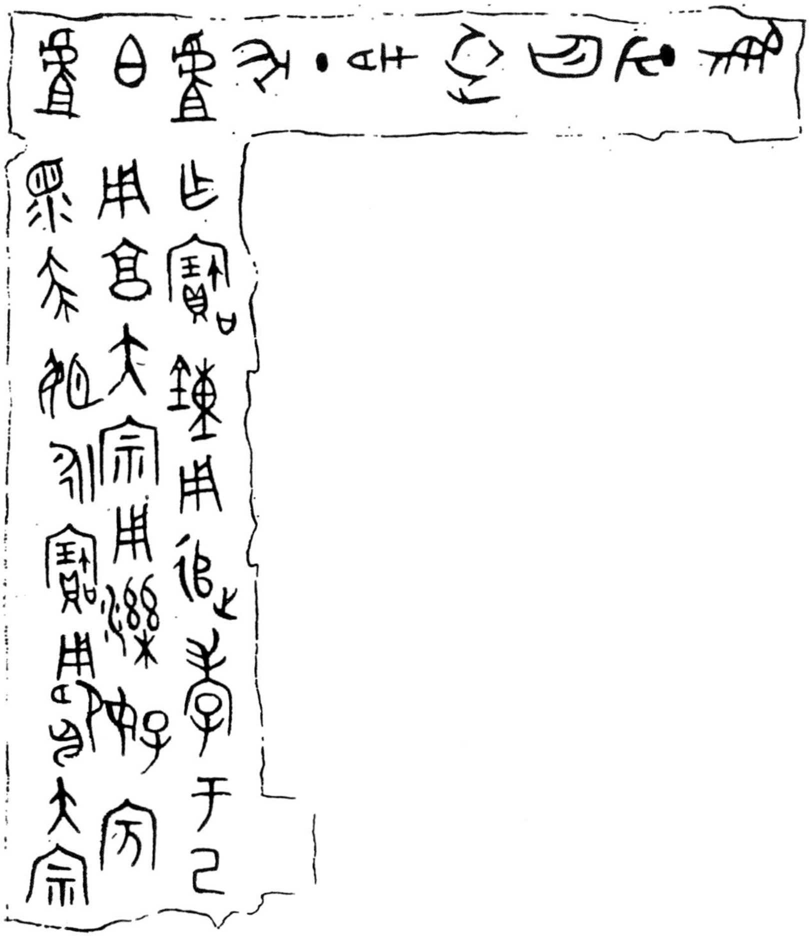

邾公釛鐘

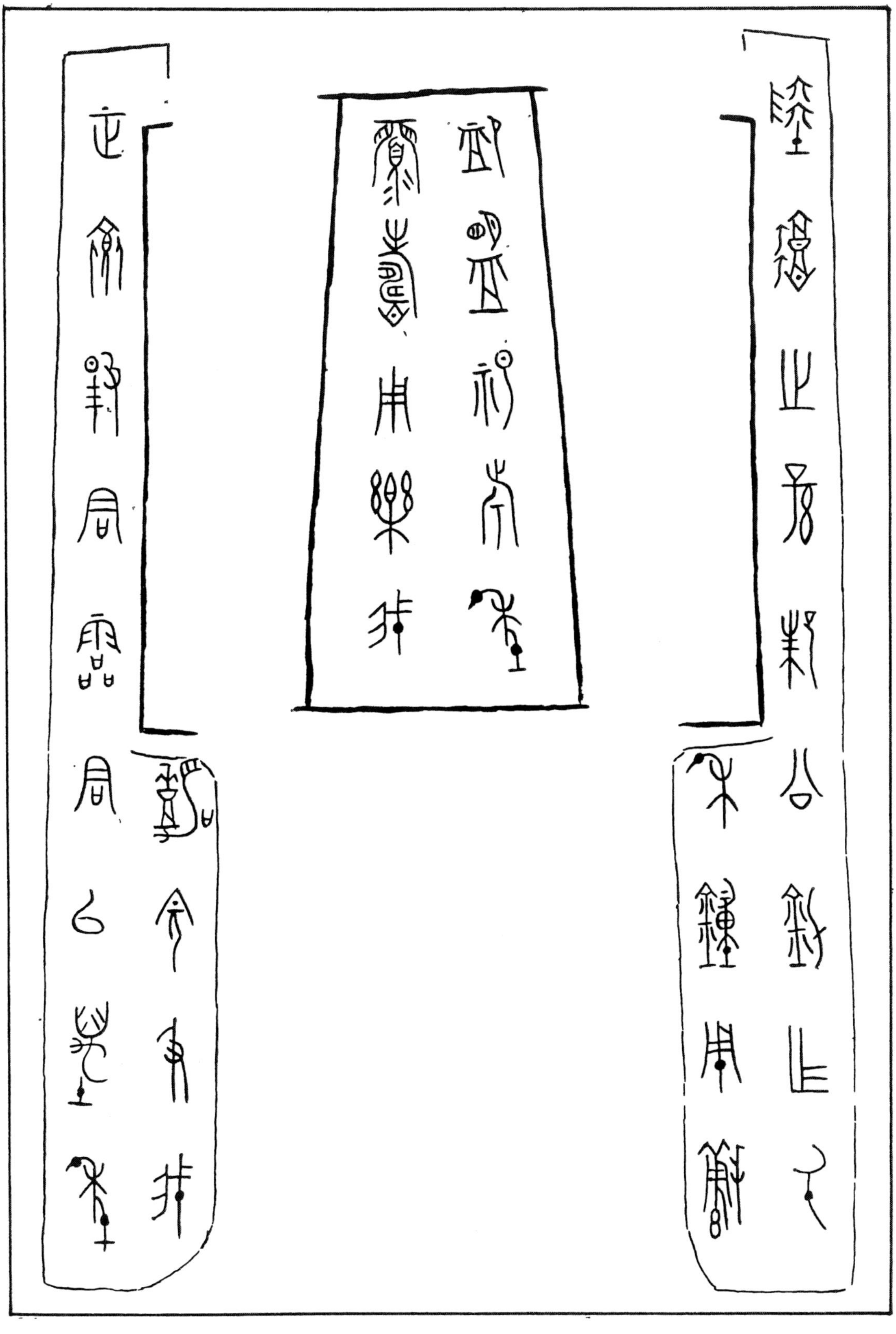

克鐘

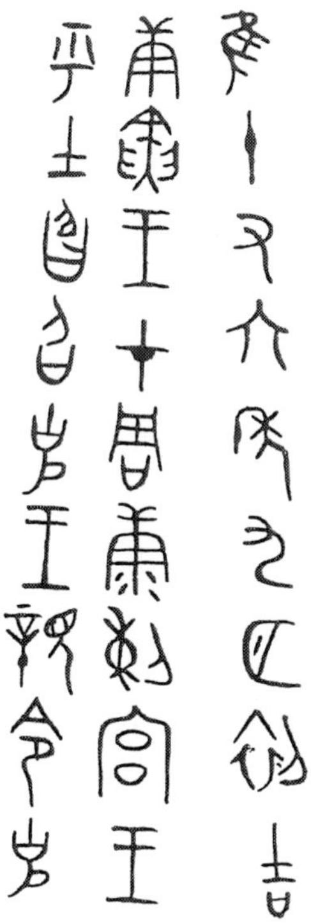

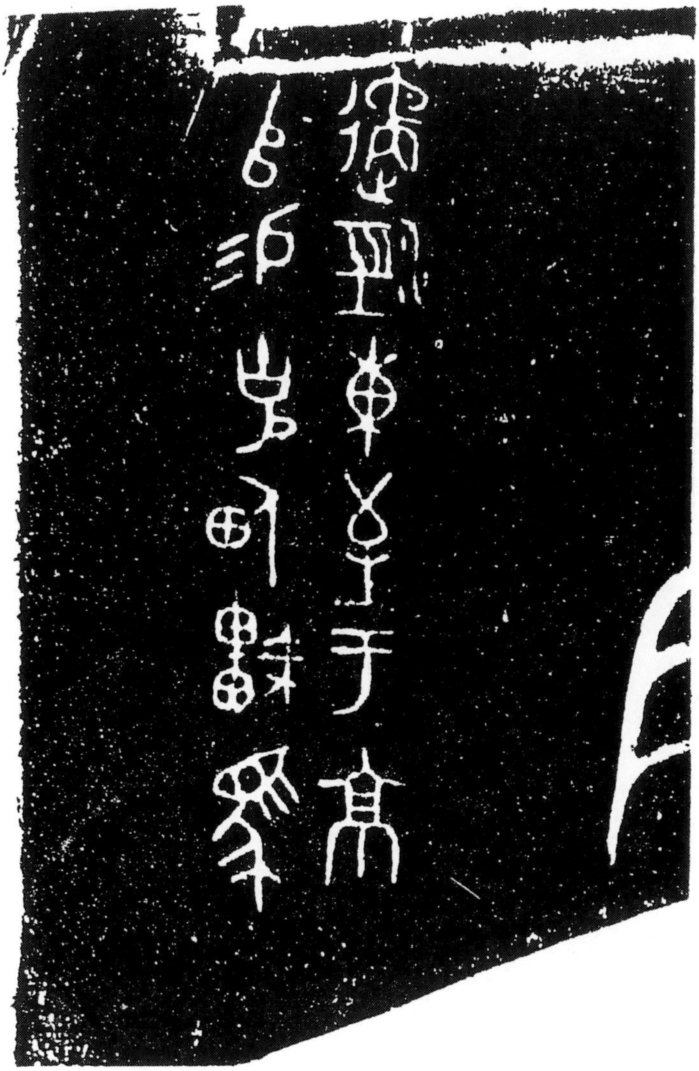

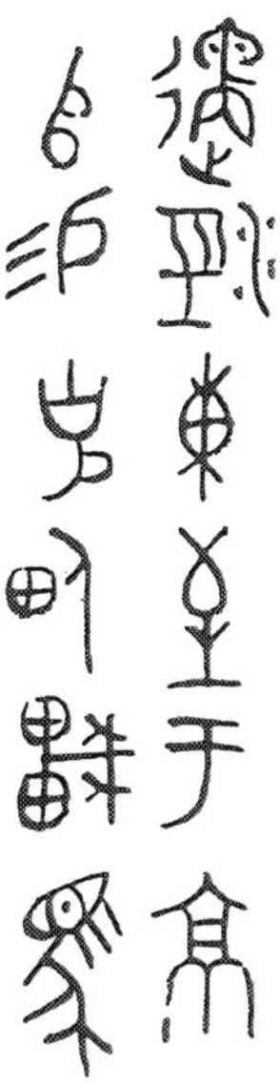

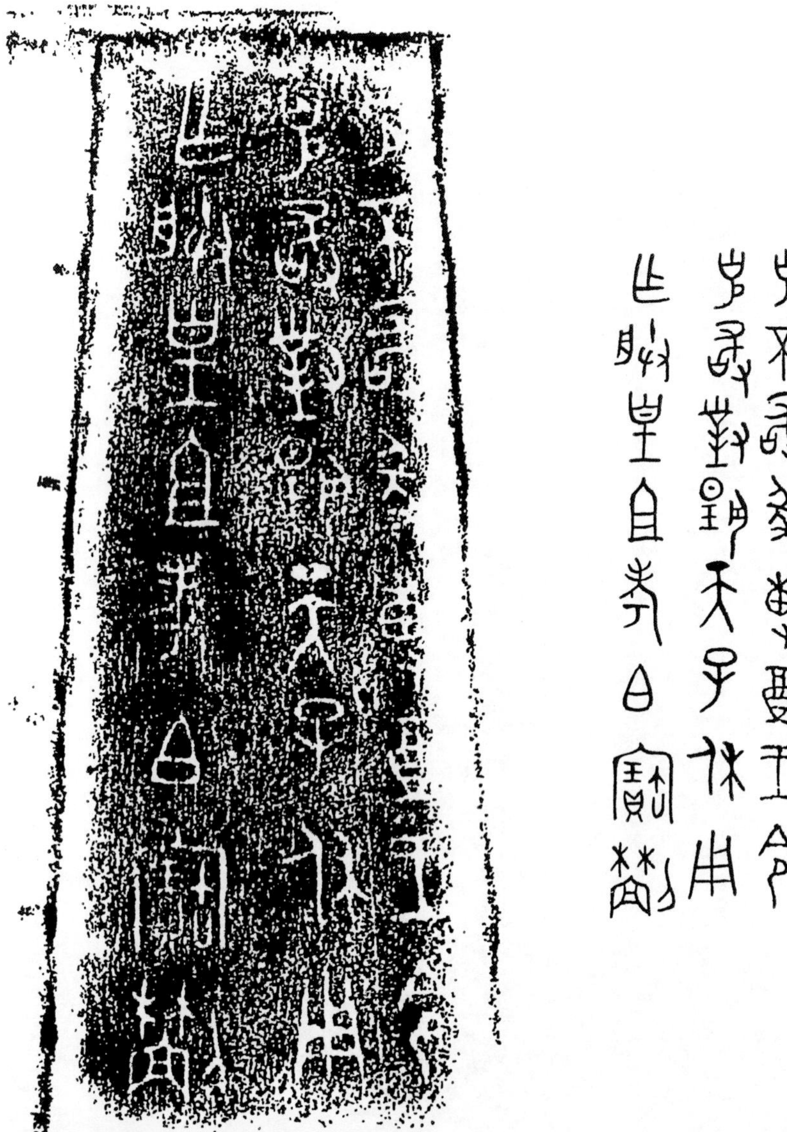

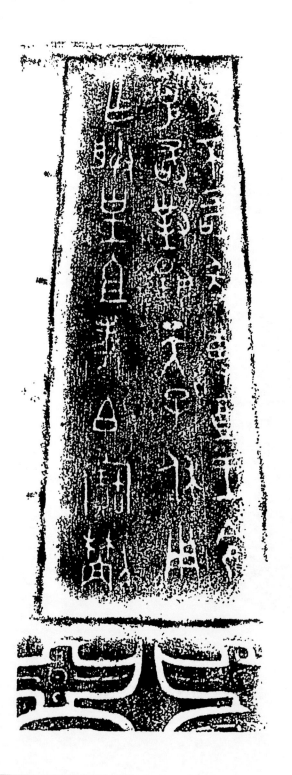

虢尗旅鐘

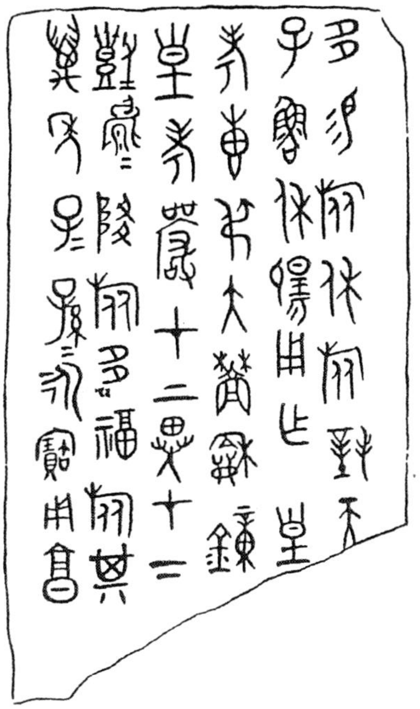

鼄公䒓鐘

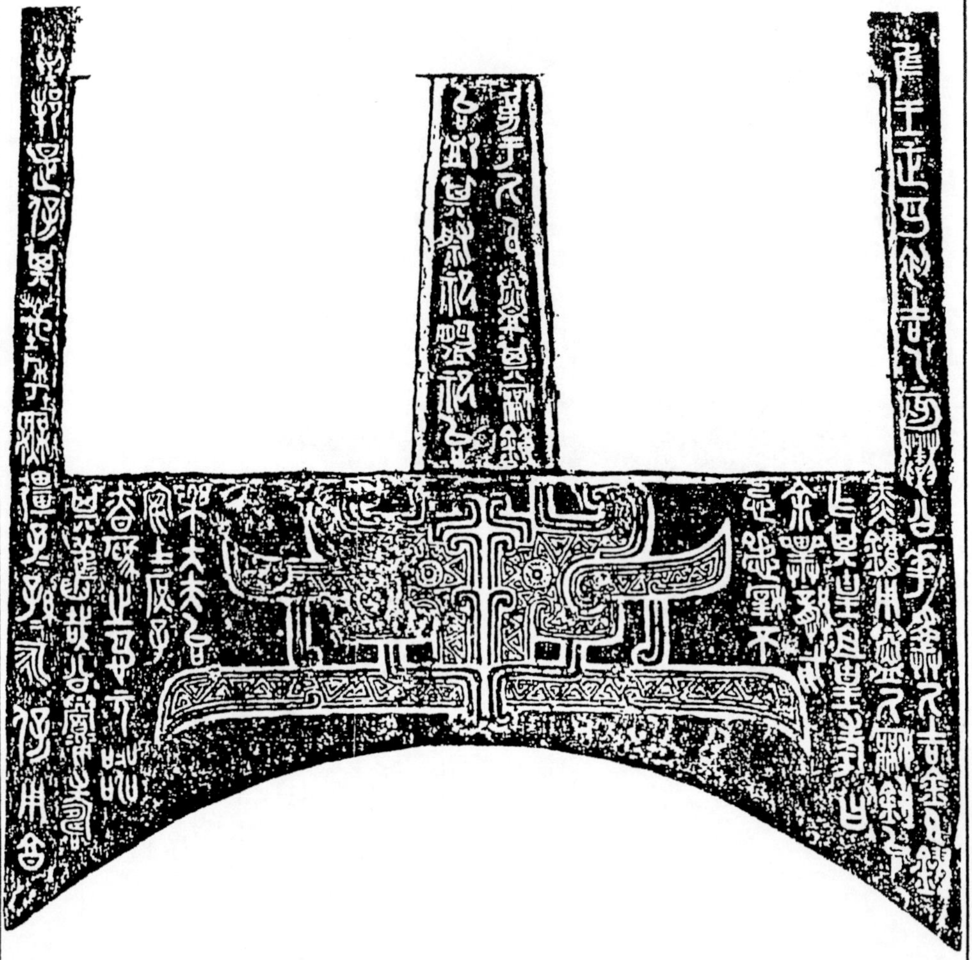

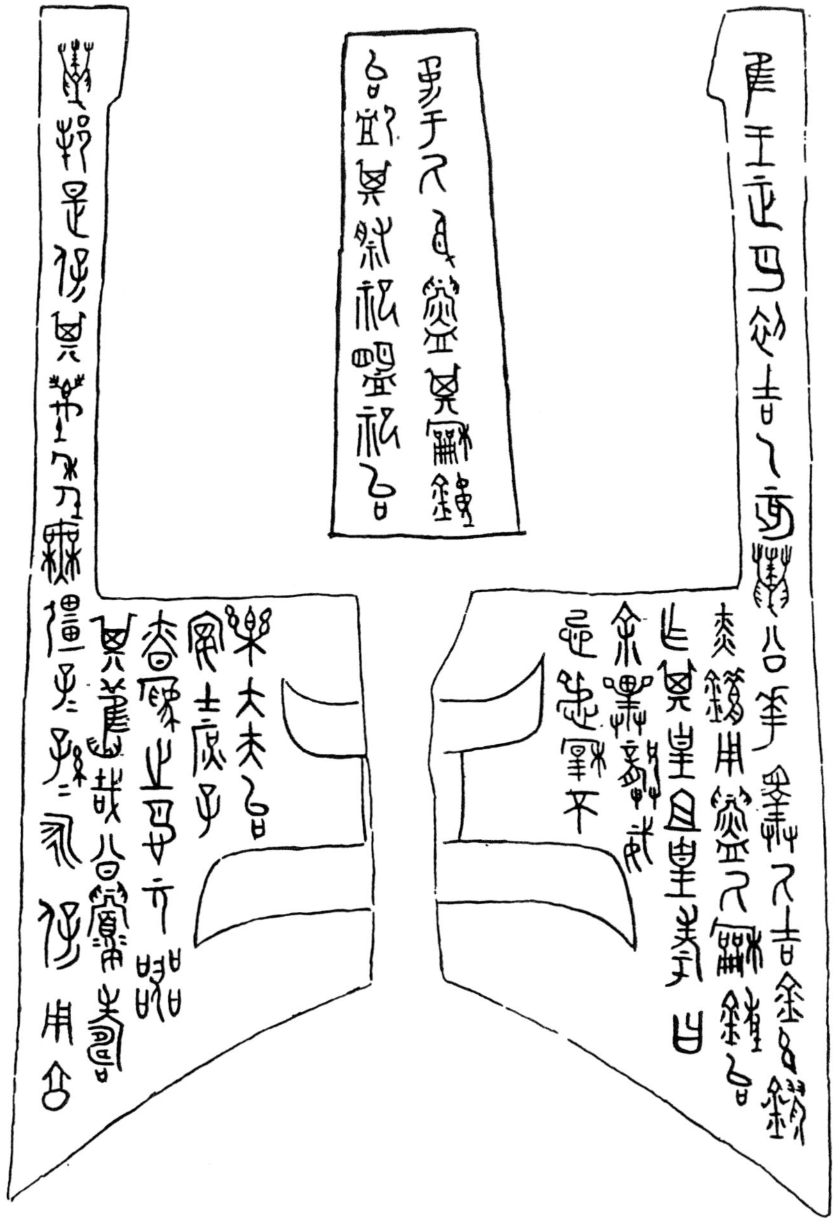

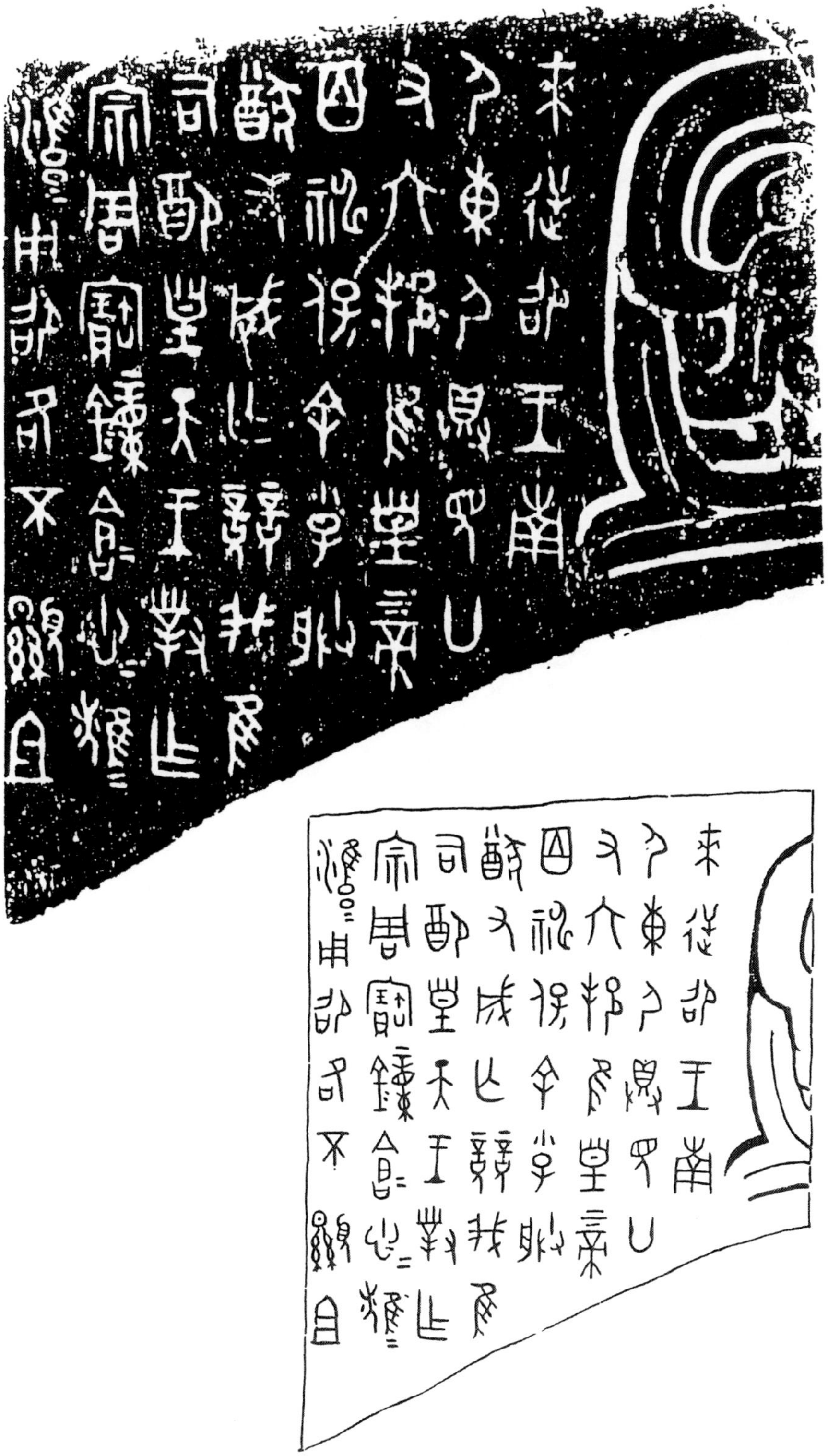

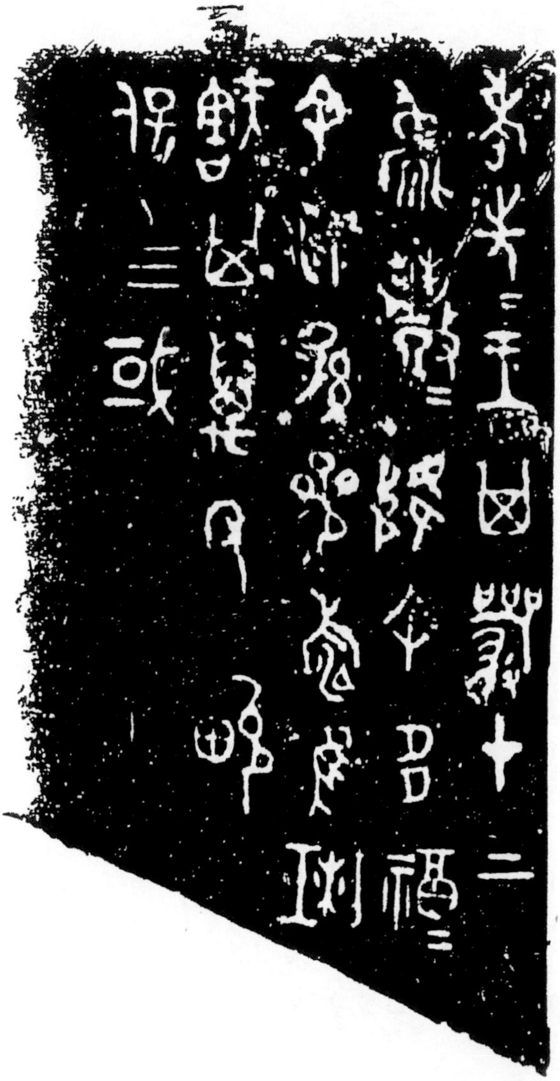

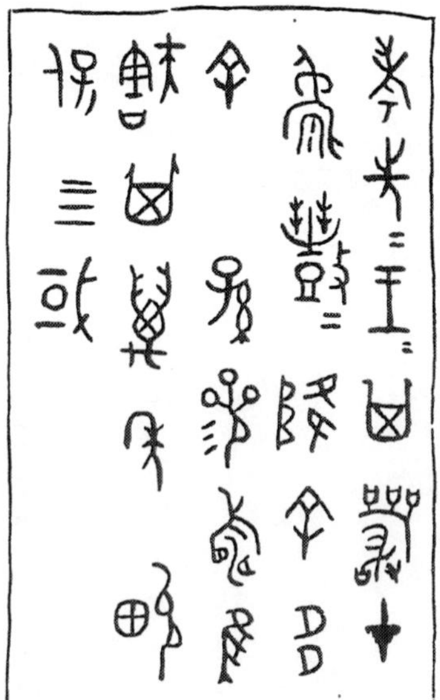

作鐘

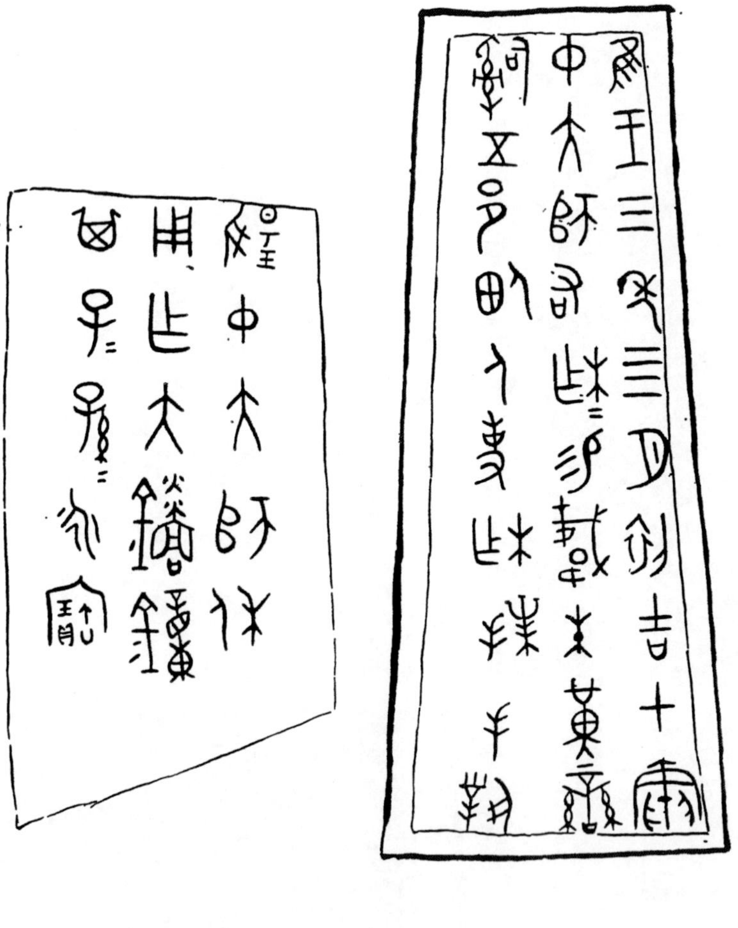

雁公鼎

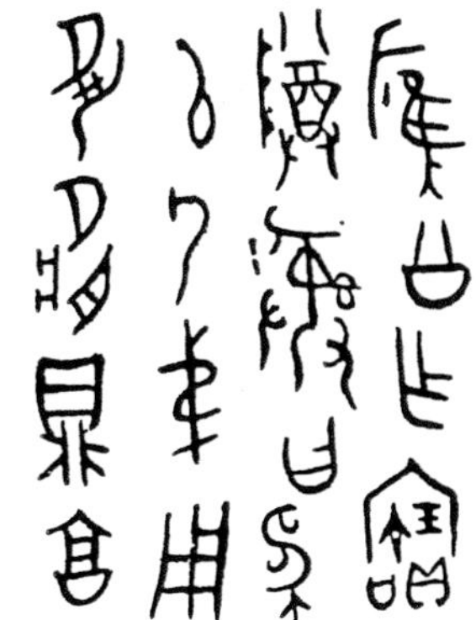

仲義父鼎

旂乍父乙鼎

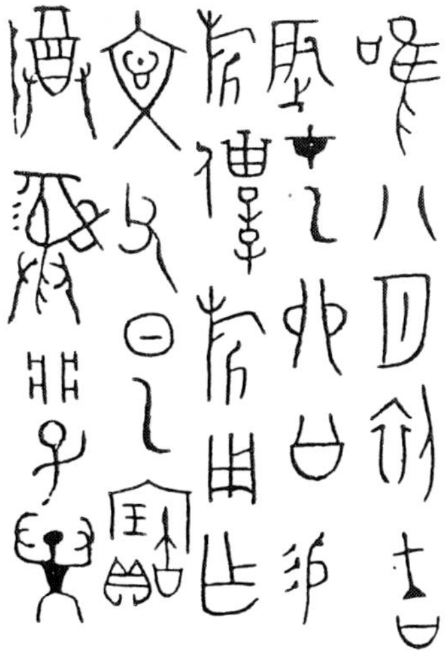

征人鼎

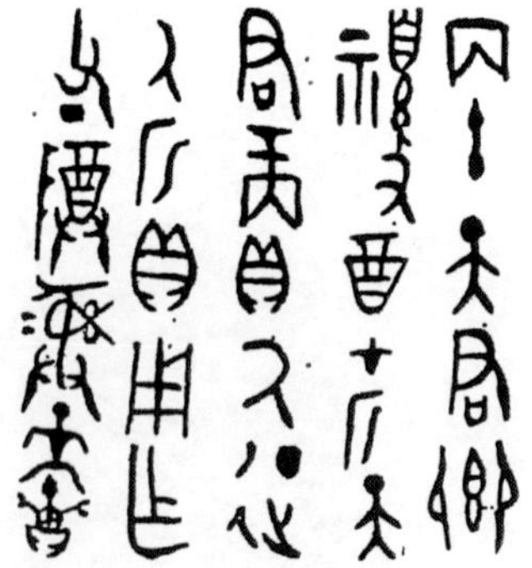

員鼎

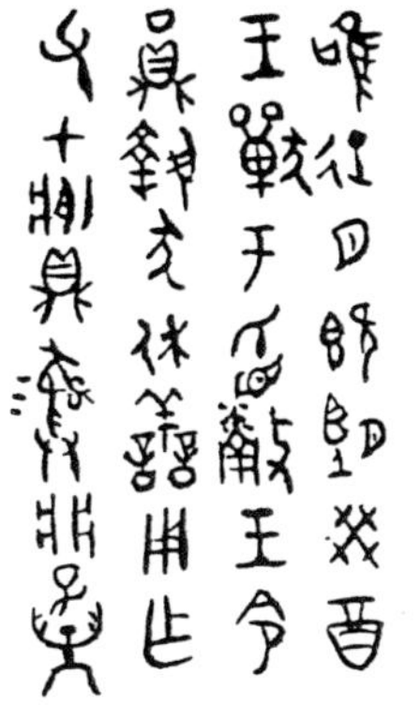

姬鼎

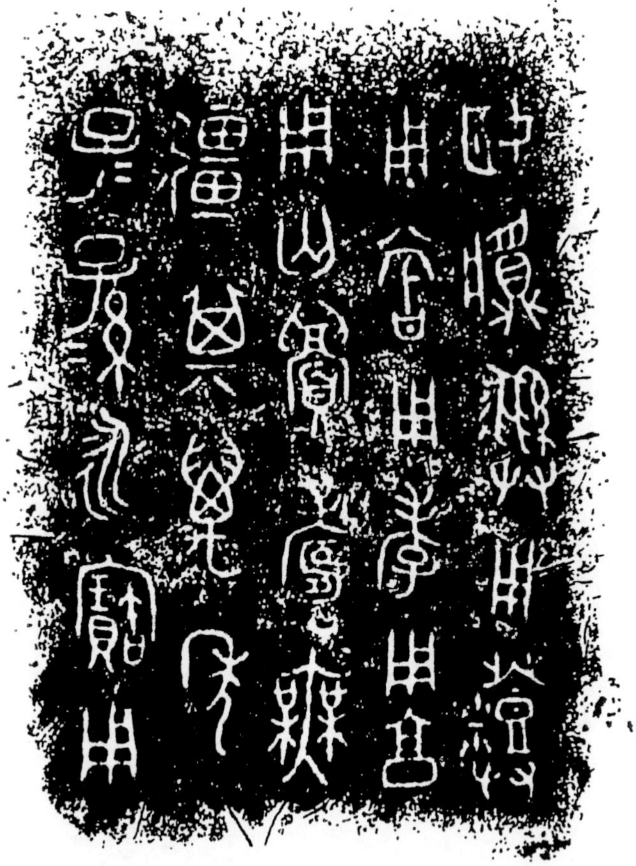

師眉鼎

⿱宀⿰魚殳鼎

旅鼎

趞鼎

蔡太師鼎

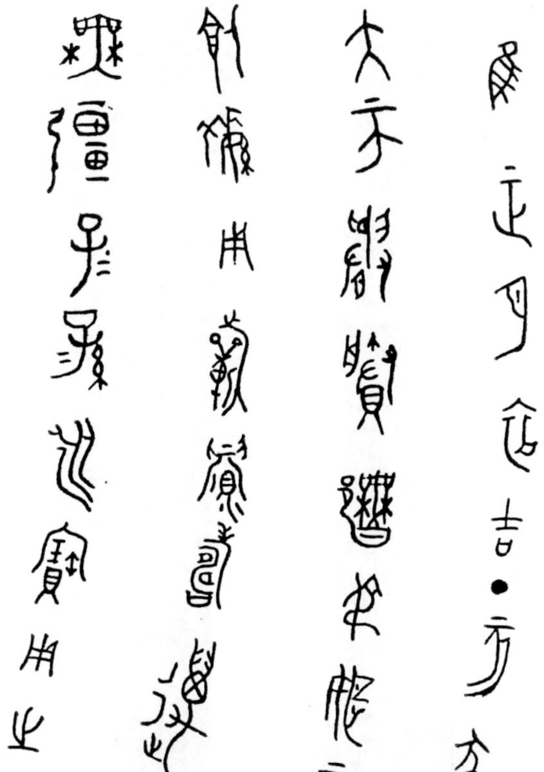

乍册大鼎

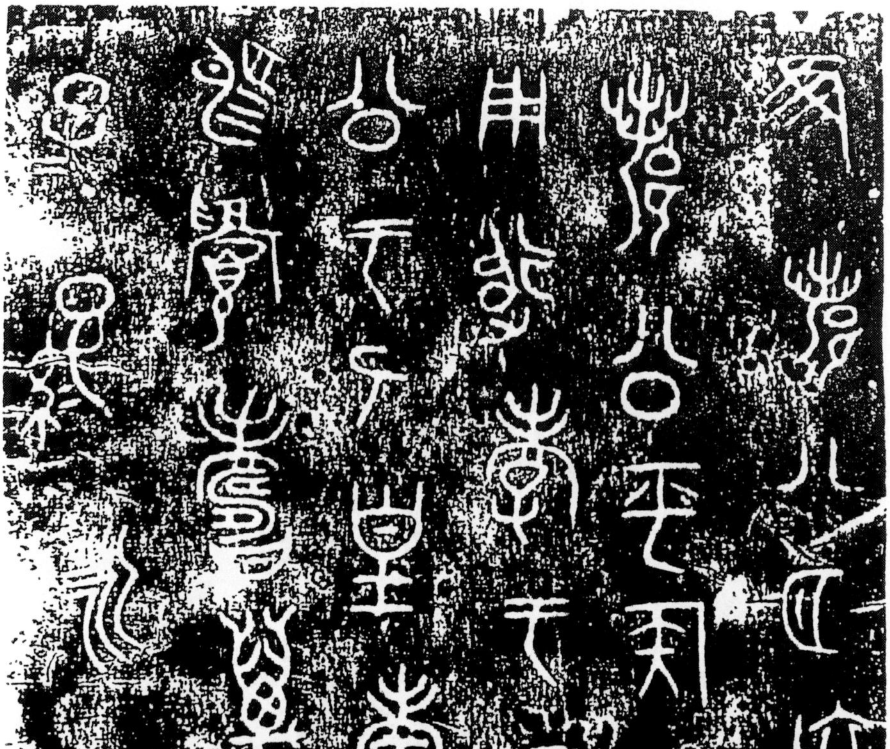

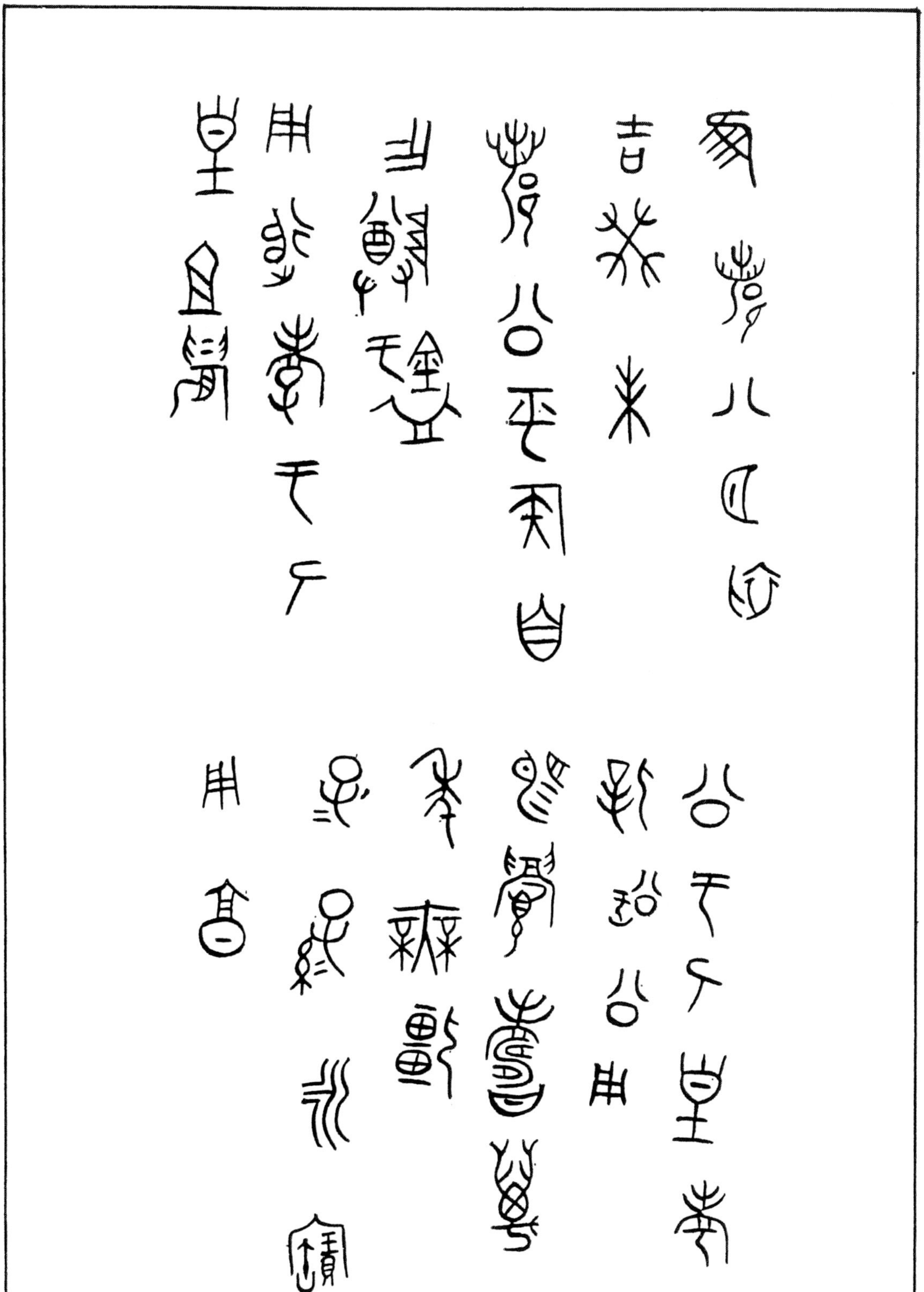

史獸鼎

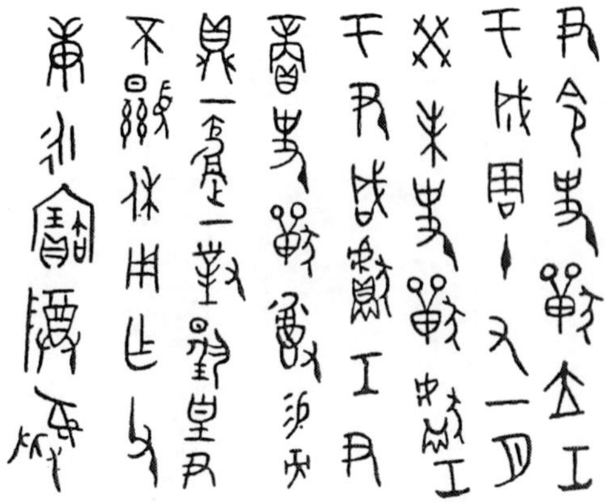

七年趙曹鼎

十五年趞曹鼎

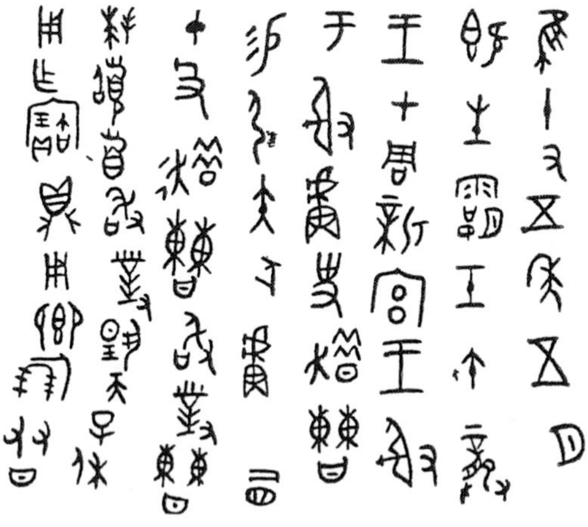

利鼎

隹王九月丁亥王客
于般宮井白內右利
立中廷北鄉王乎乍命
內史冊令利曰易女赤
⊘巿䜌旂用事利拜稽
首對揚天子不顯皇休
用乍朕文考𣶒白尊鼎
利其萬年子孫永寶用

善夫克鼎

隹王廿又三年九月王
在宗周王令善夫克舍
令于成周遹正八自之
年克乍朕皇且釐季寶
宗彝克其日用𩰫朕辟
魯休用匄康𪊨屯右
眉壽永令霝冬邁
年無疆克其子子孫孫永寶用

大鼎

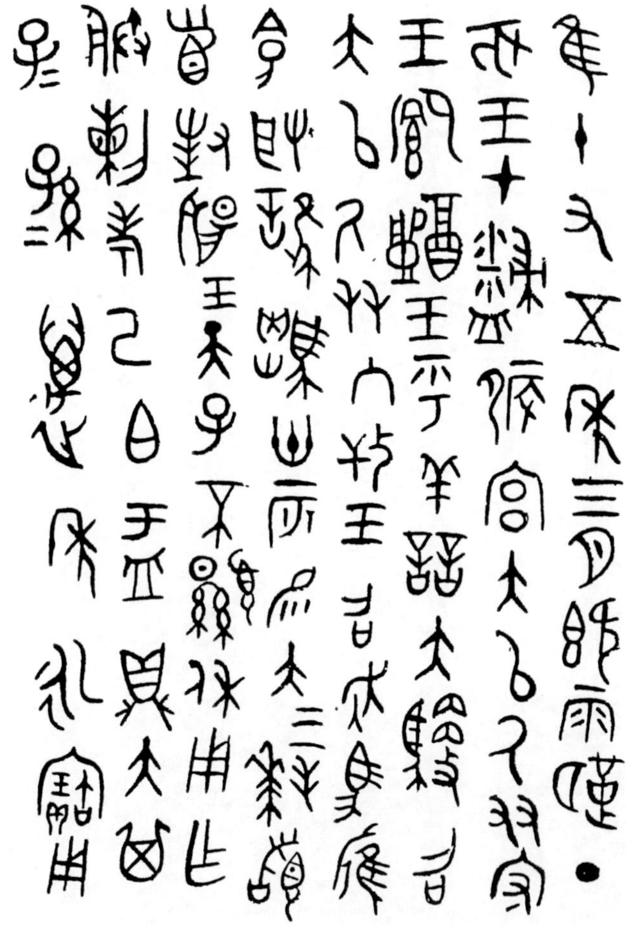

無叀鼎

師朢鼎

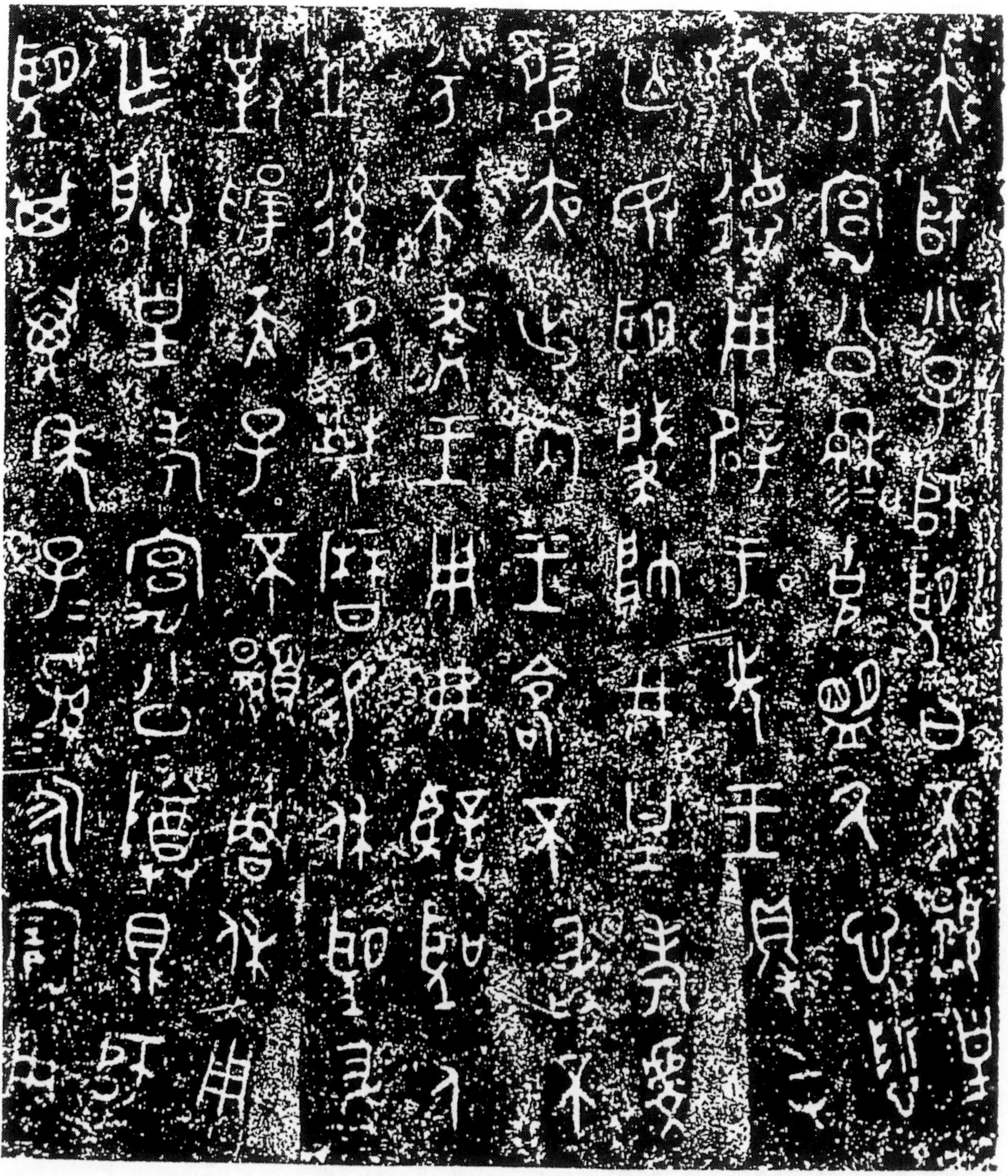

大師小子師望曰丕顯皇
考宄公穆穆克盟厥心悊
厥德用辟于先王得純
亡敃望肇帥井皇考虔
夙夜出內王命不敢不
分不㒸王用弗忘聖人
之後多蔑曆易休望敢
對揚天子丕顯魯休用
乍朕皇考宄公尊鼎師
望其萬年子子孫孫永寶用

頌鼎

隹三年五月既死霸甲戌
王在周康卲宮旦王各大
室即立宰引右頌入門立
中廷尹氏受王令書王乎
史虢生冊令頌王曰頌令
女官司成周賈廿家監司
新造賈用宮御易女玄衣
黹屯赤市朱黃鑾旂攸勒
用事頌拜稽首受令冊佩
以出反入堇章頌敢對揚
天子丕顯魯休用乍朕皇
考龔叔皇母龔姒寶尊鼎
用追孝祈匄康𩁹屯右通
彔永令頌其萬年眉壽
畯臣天子霝冬子子孫孫寶用

乍册般甗

小臣宅彝

夨彝（蓋）

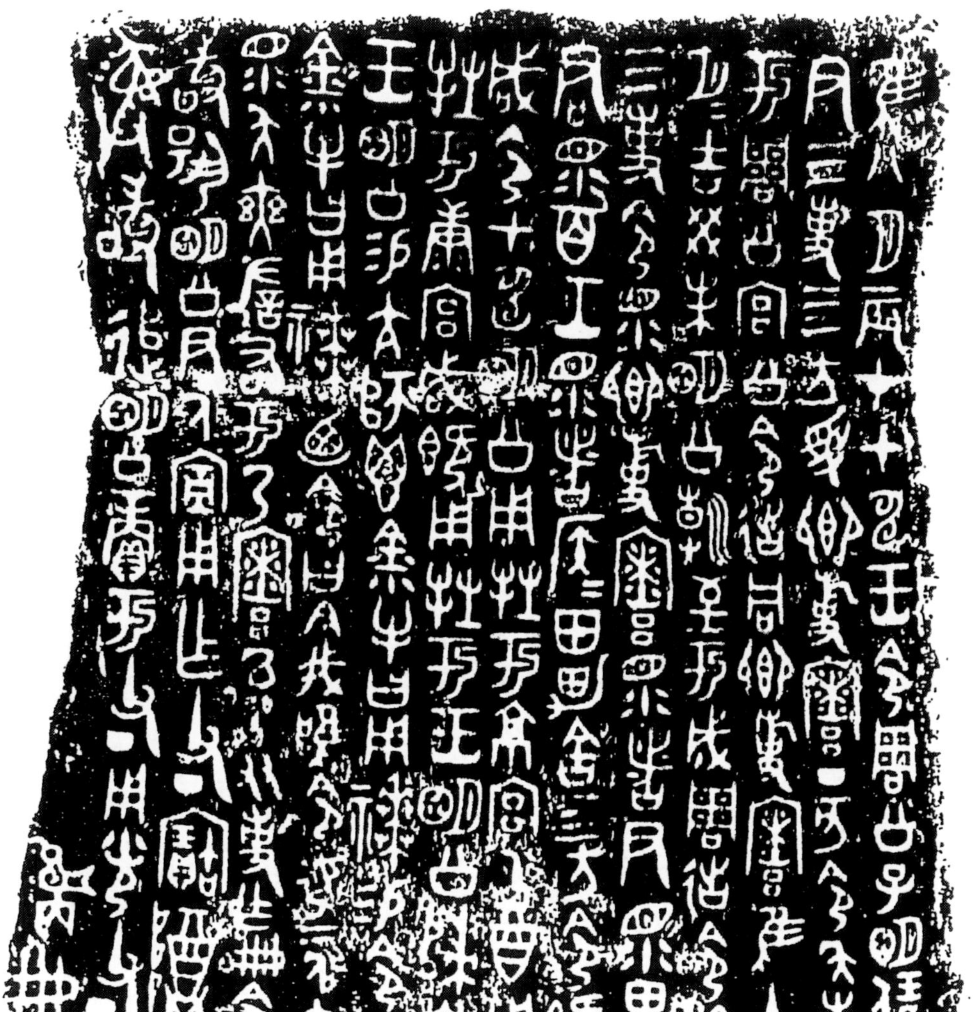

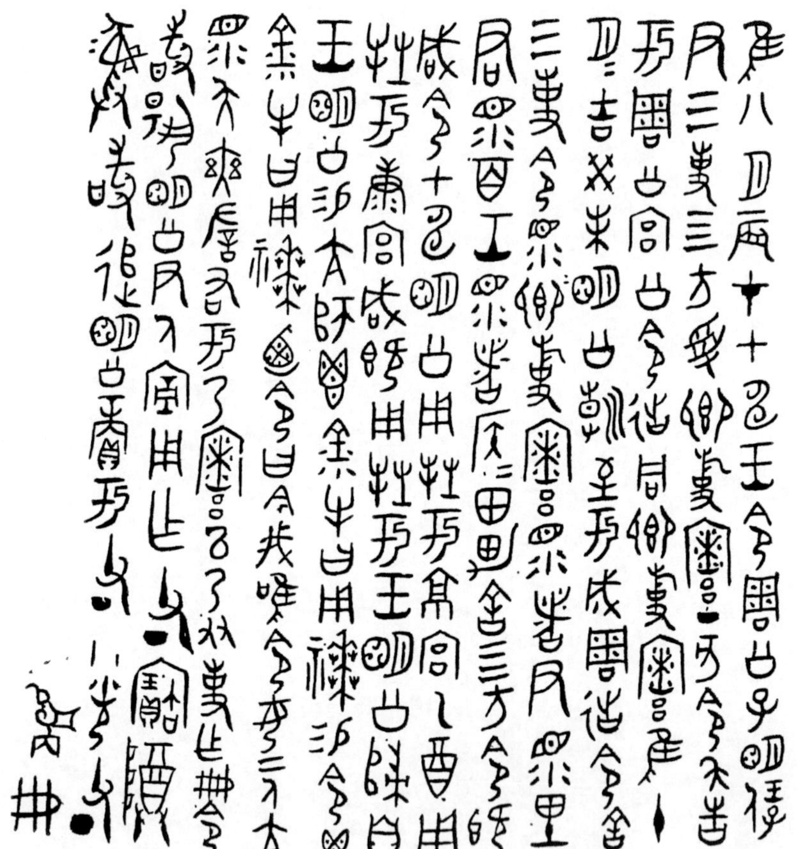

蔡姞𣪘

靜段

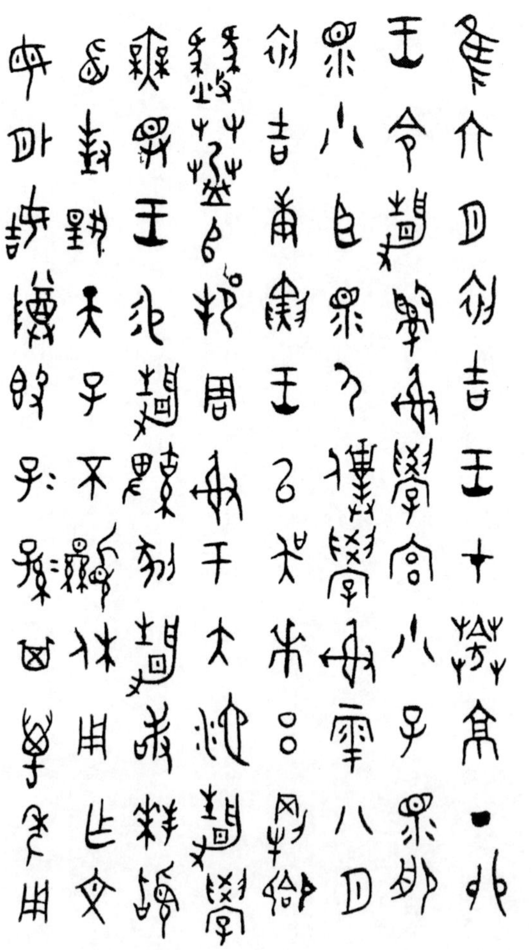

小子䵼㲃

師害𣪕

君夫殷

小臣守𣪘

遹毀

師遽𣪘（蓋）

追殷

追虔夙夕卹厥死事天子，肇史追氒休。追敢對天子揚，用作朕皇祖考尊𣪘。用享孝于前文人，用匄眉壽永令，畯臣天子，霝冬。追其萬年子子孫孫永寶用。

一二五

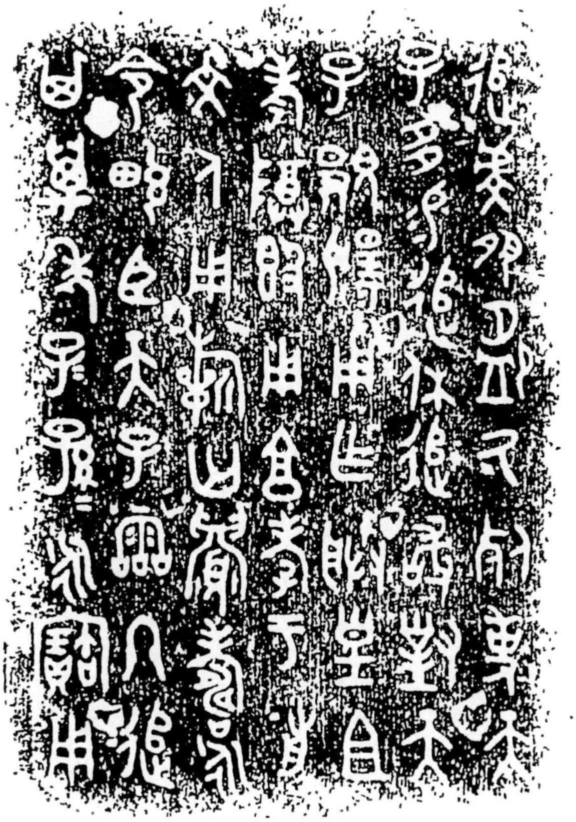

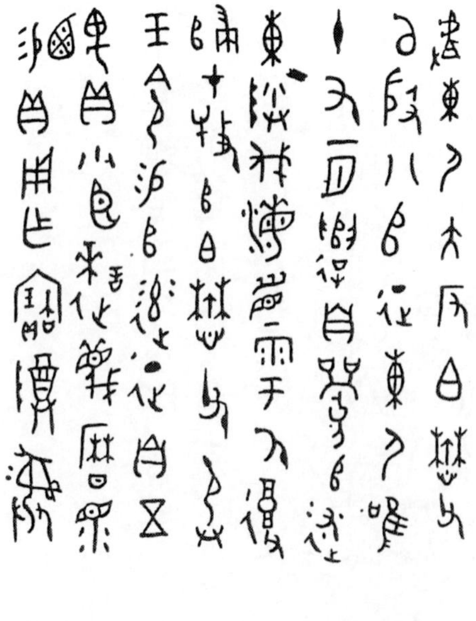

冗殷

召伯虎段

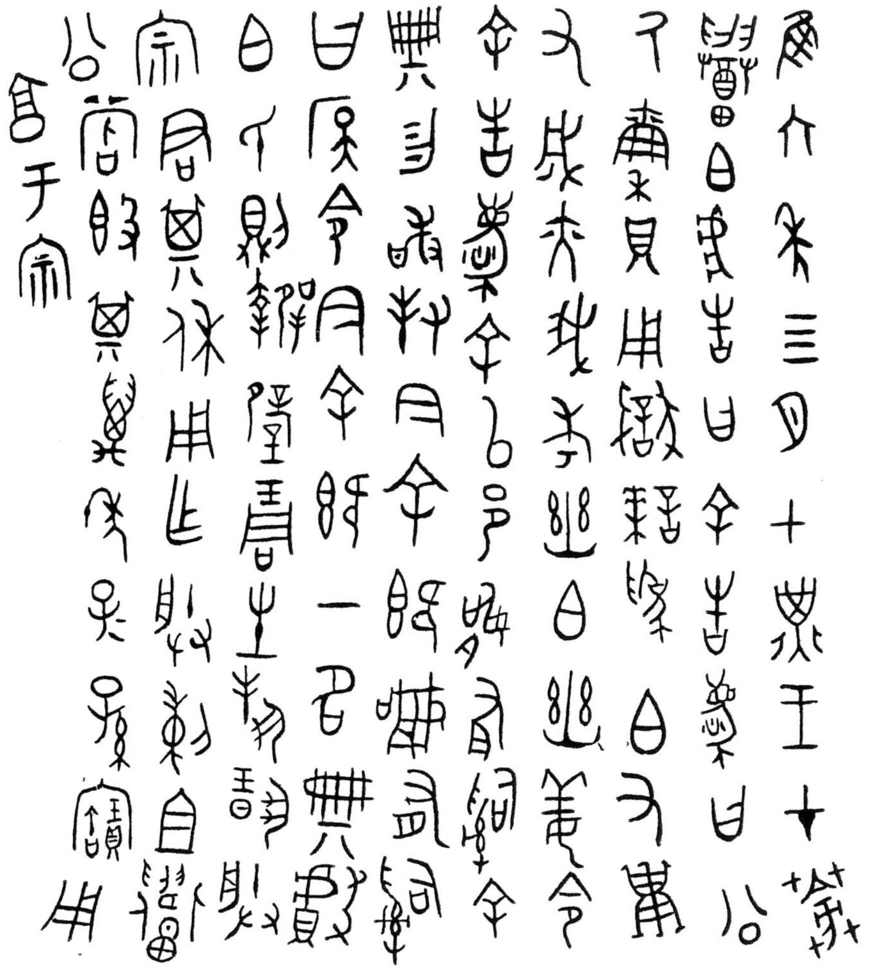

師虎𣪘

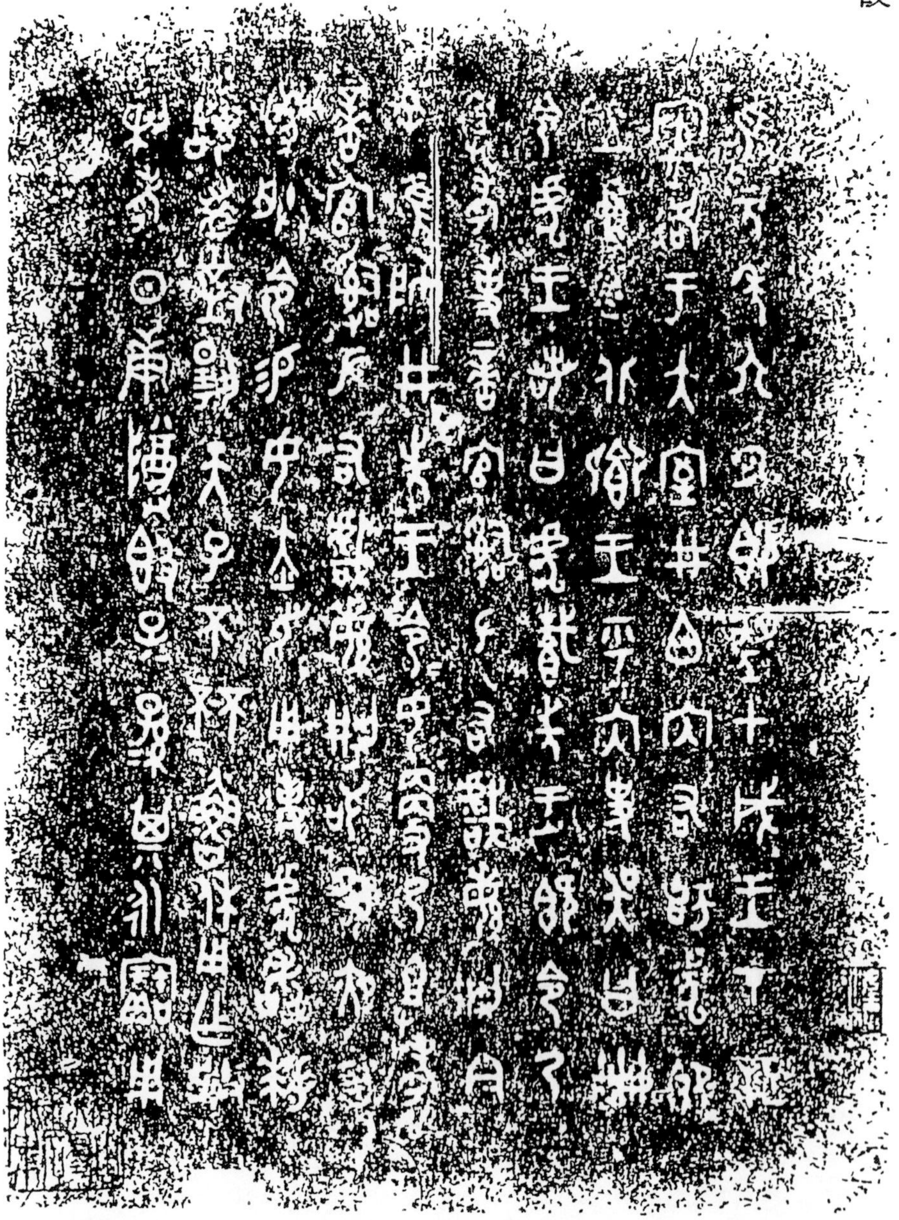

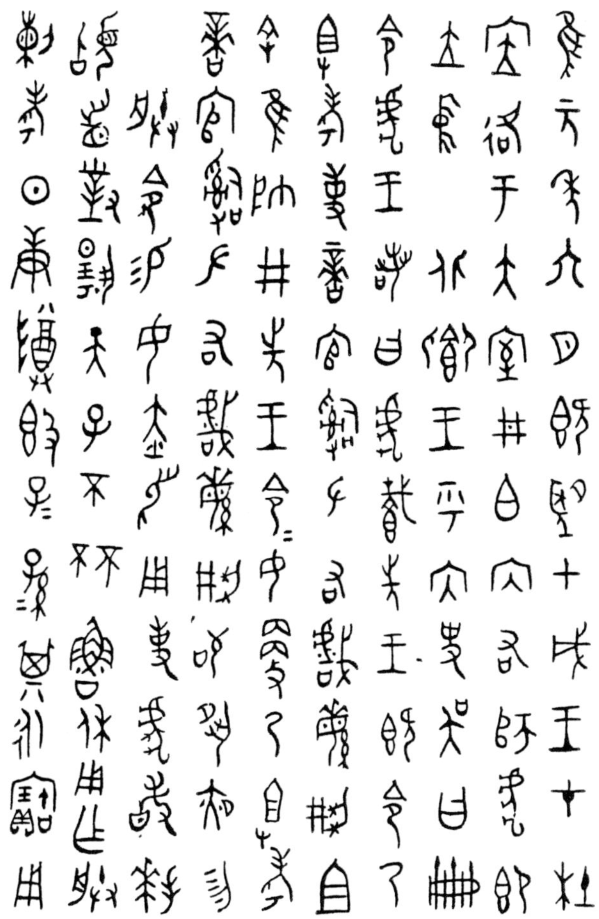

師𠭰段（蓋）

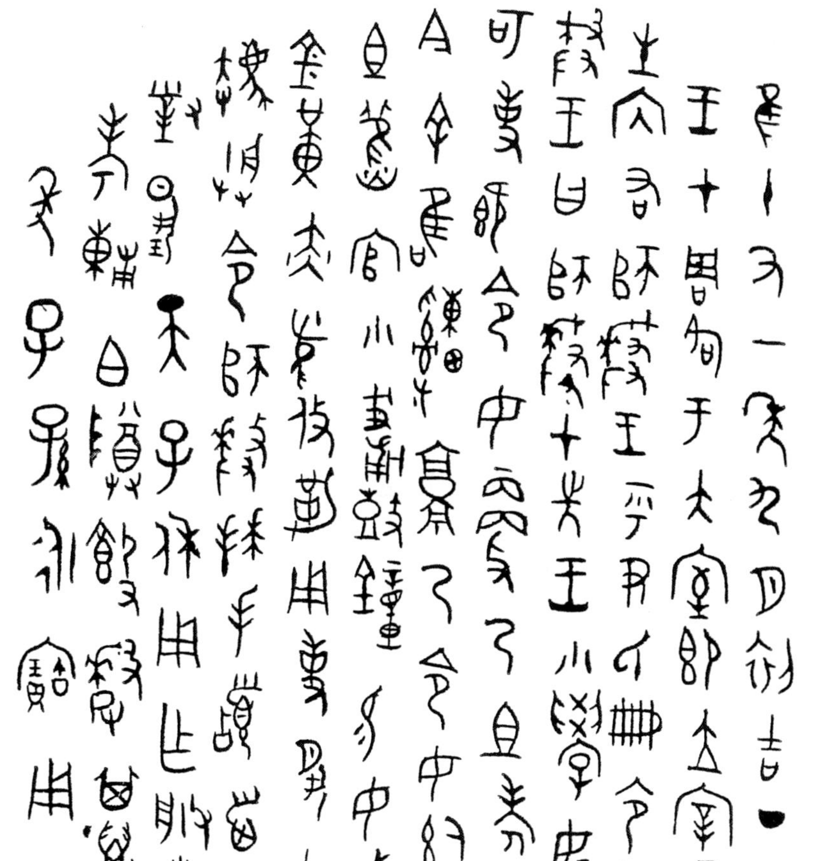

叔𣪘（器）

黽殷

宂簋

鼄太宰簠

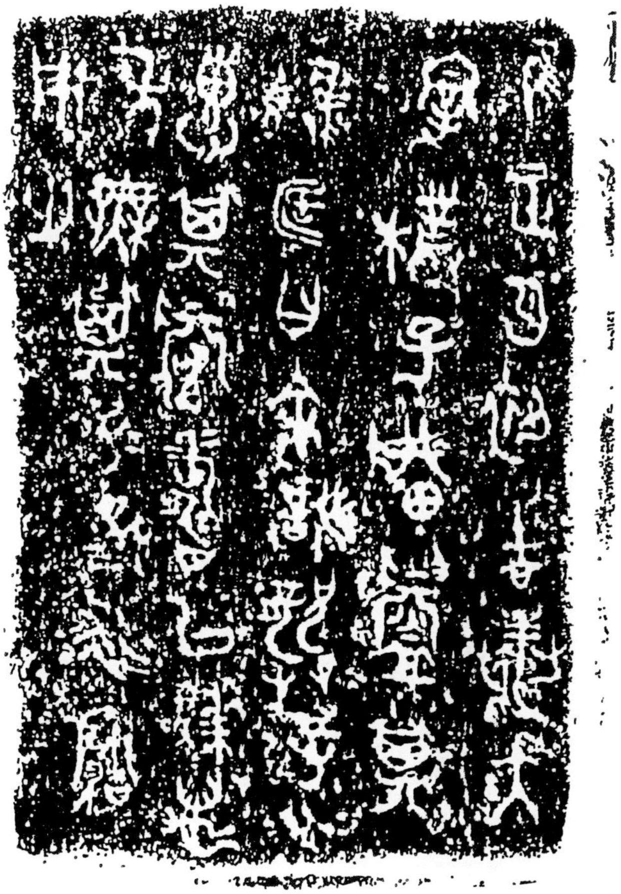

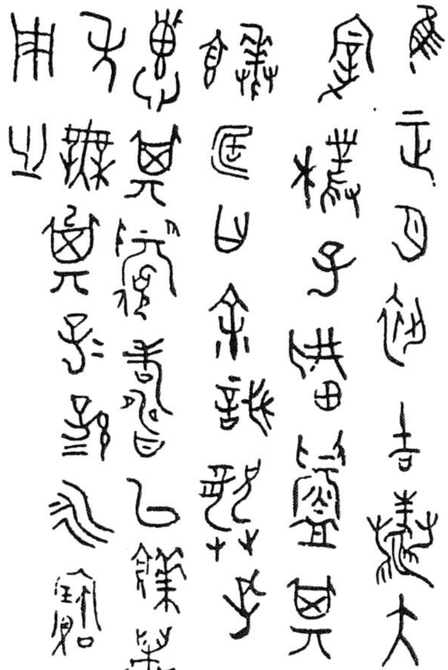

虢仲盨

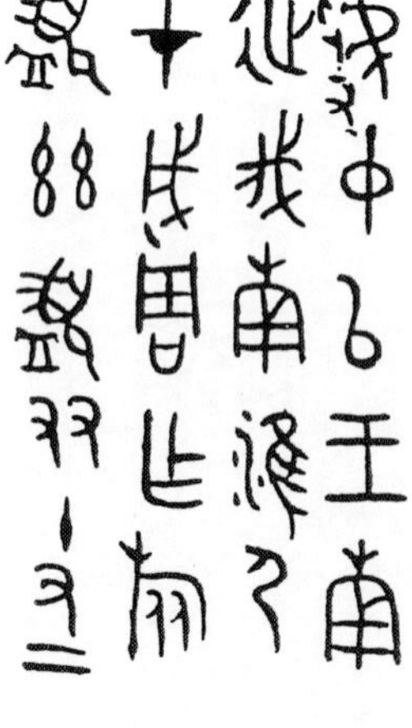

徲盨（器）

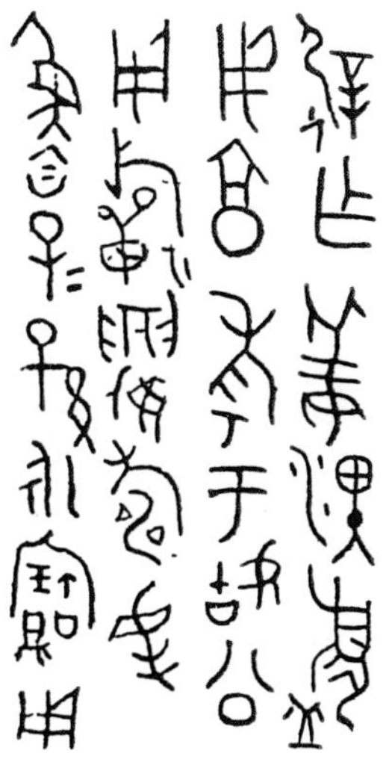

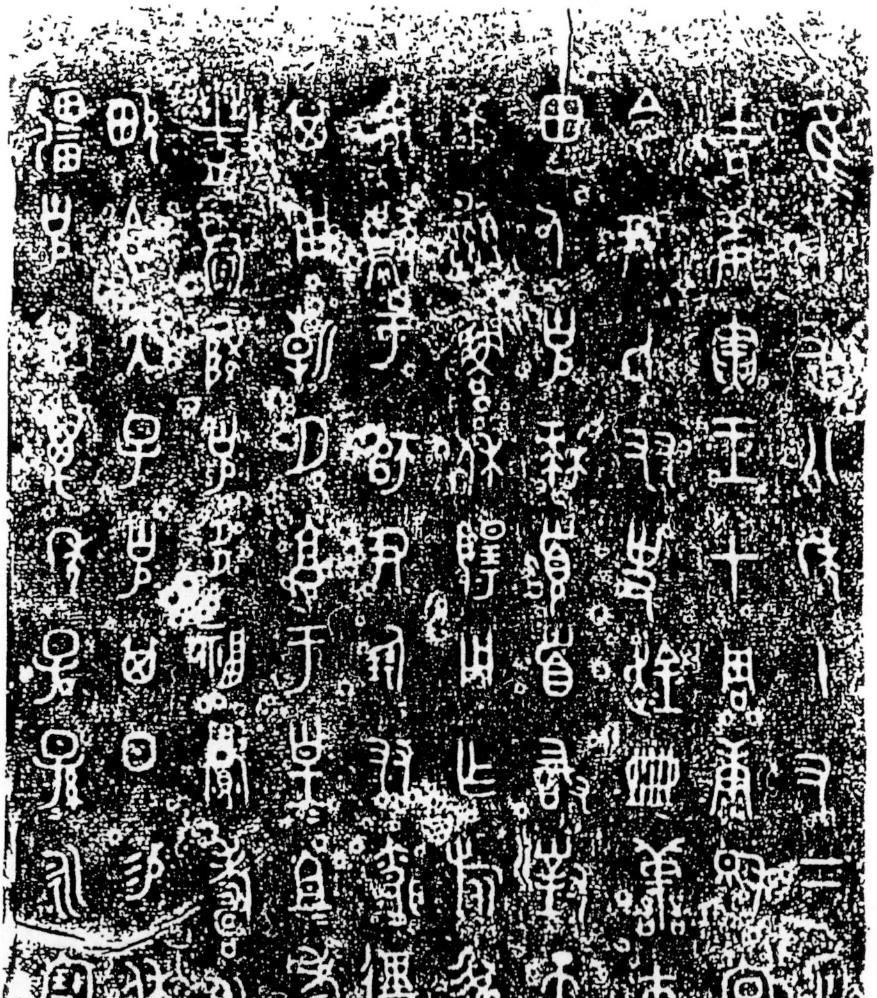

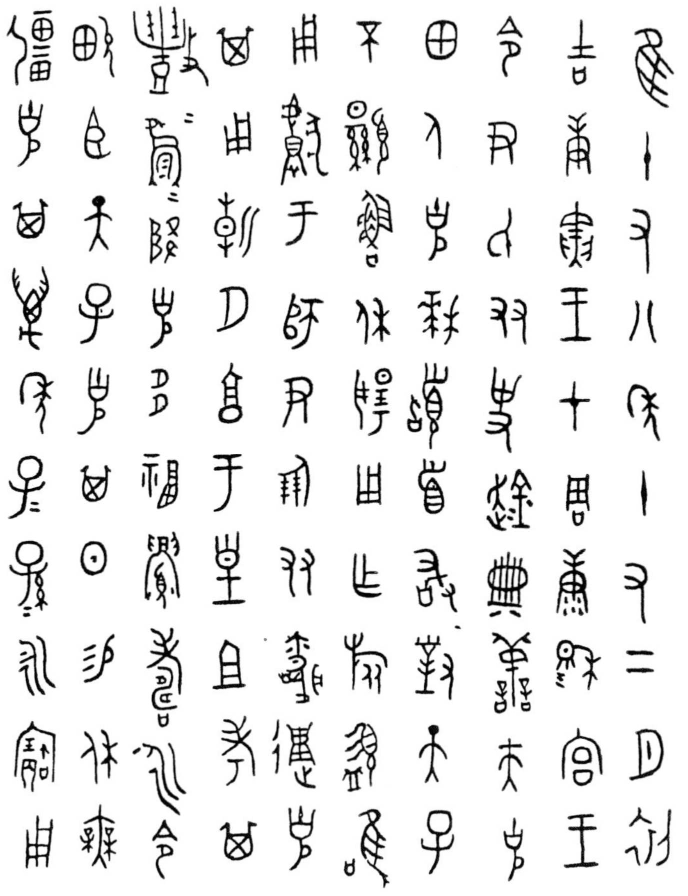

[illegible]尊

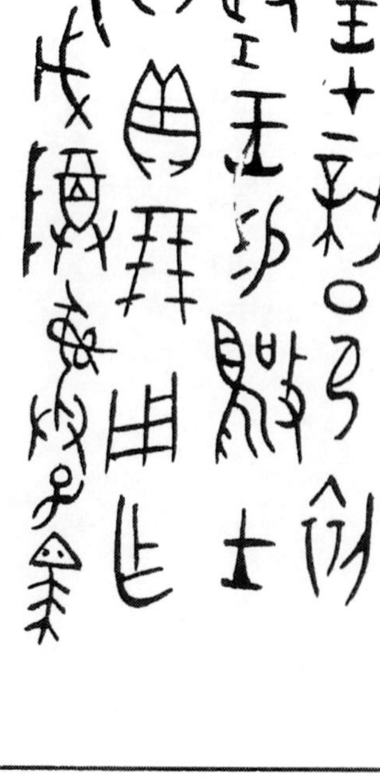

師遽尊（蓋）

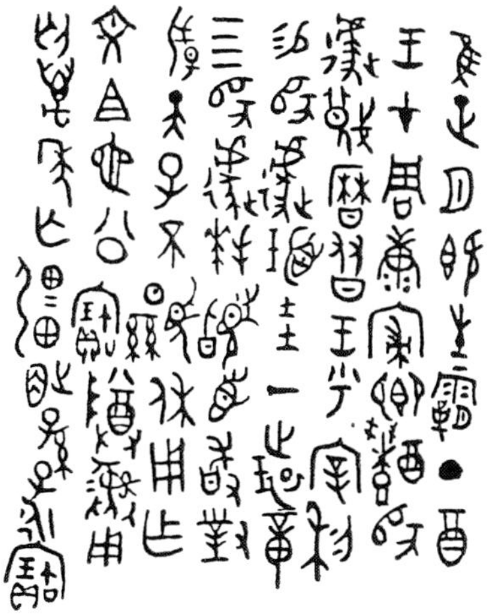

趩尊

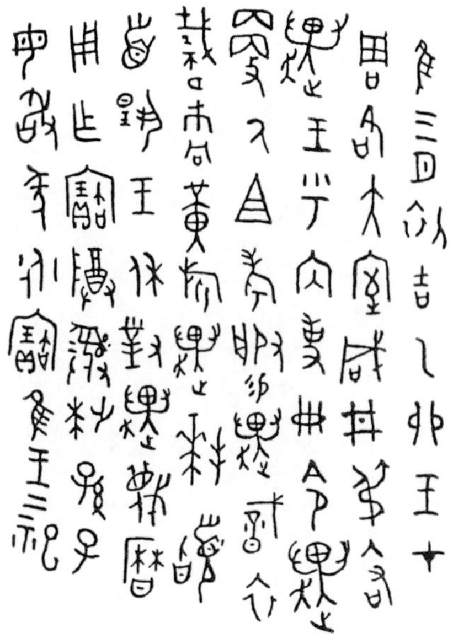

史懋壺

寡子卣（蓋）

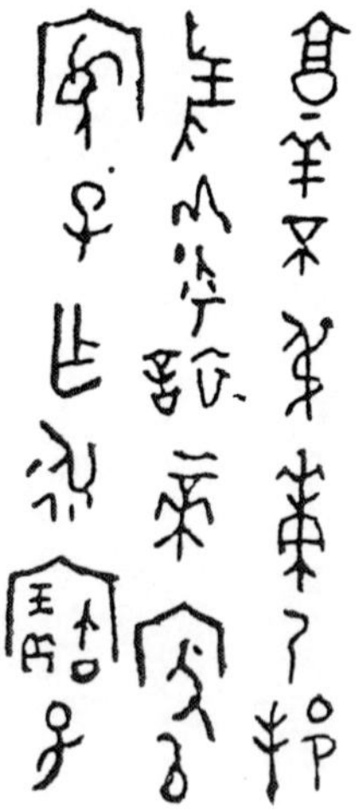

靜卣（器）

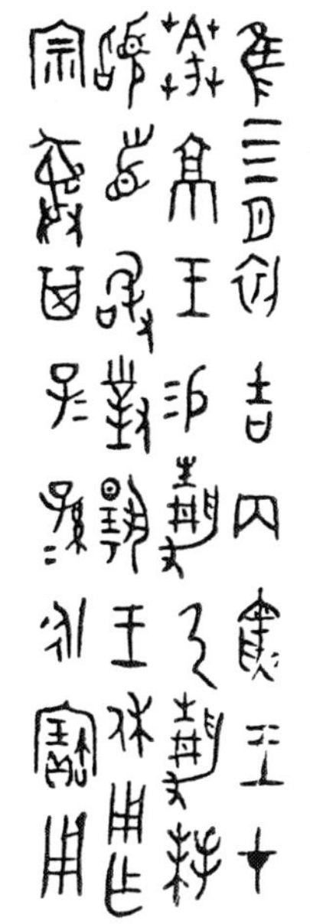

貉子卣（器）

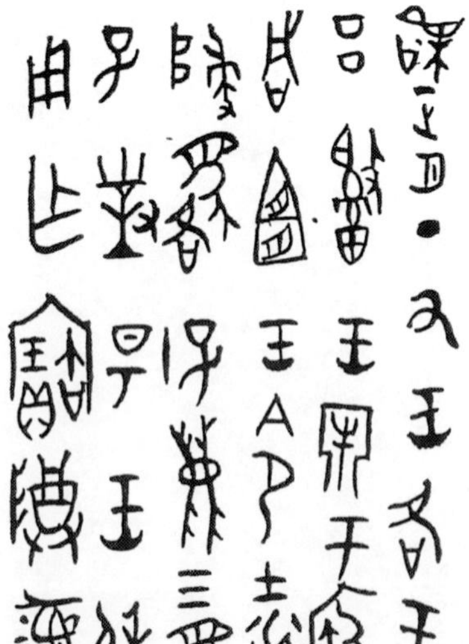

宂卣

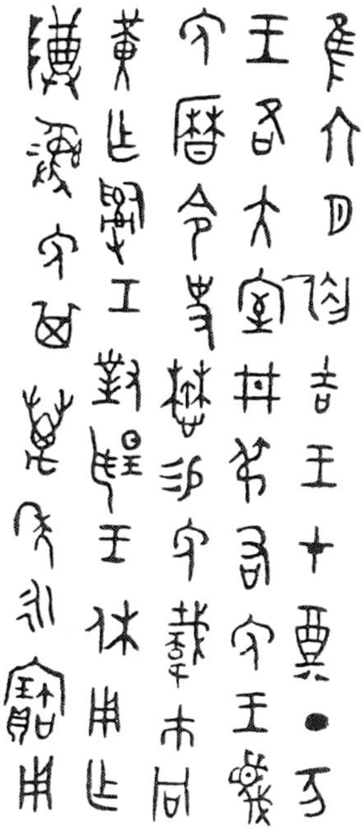

彔卣（蓋）

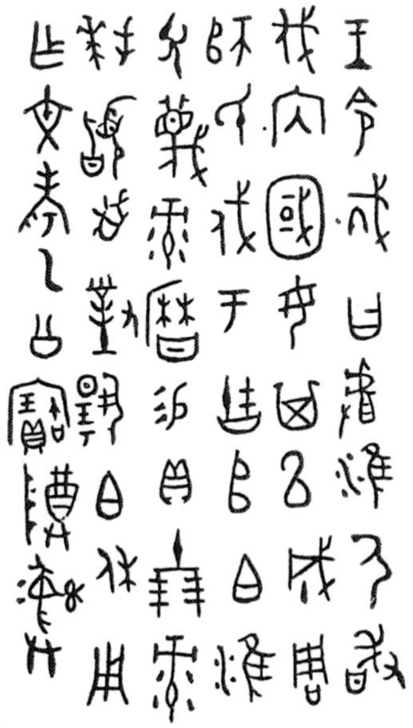

小臣邑斝

宂盉

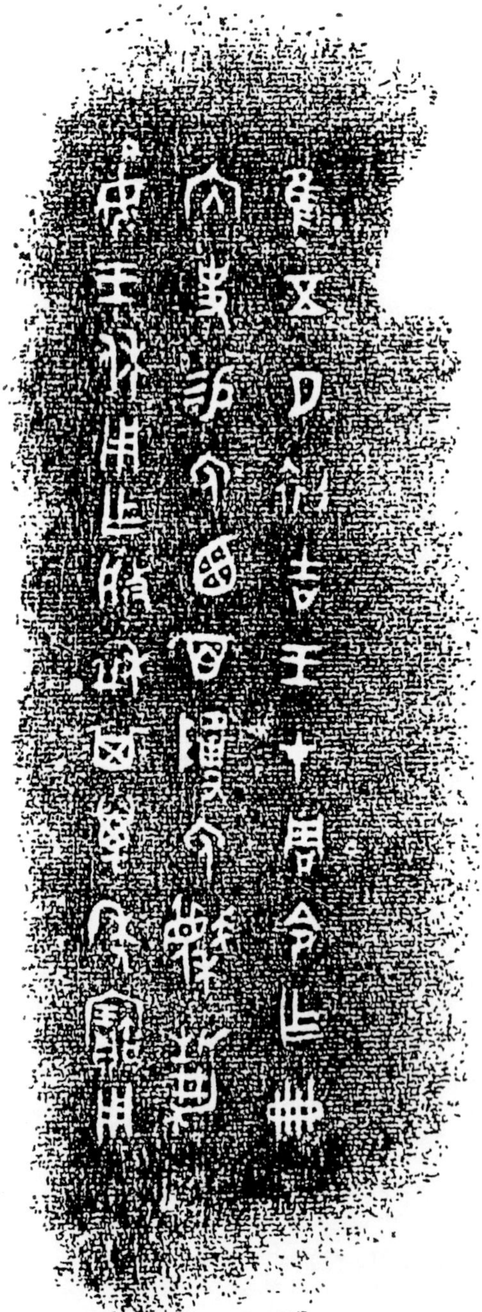

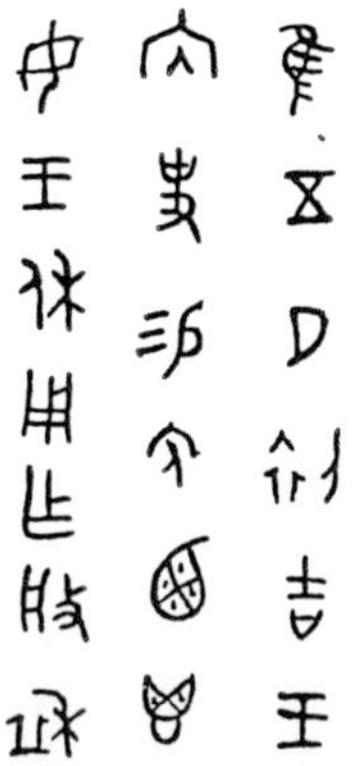

臣辰盉（蓋）

改盨

虢季子白盤

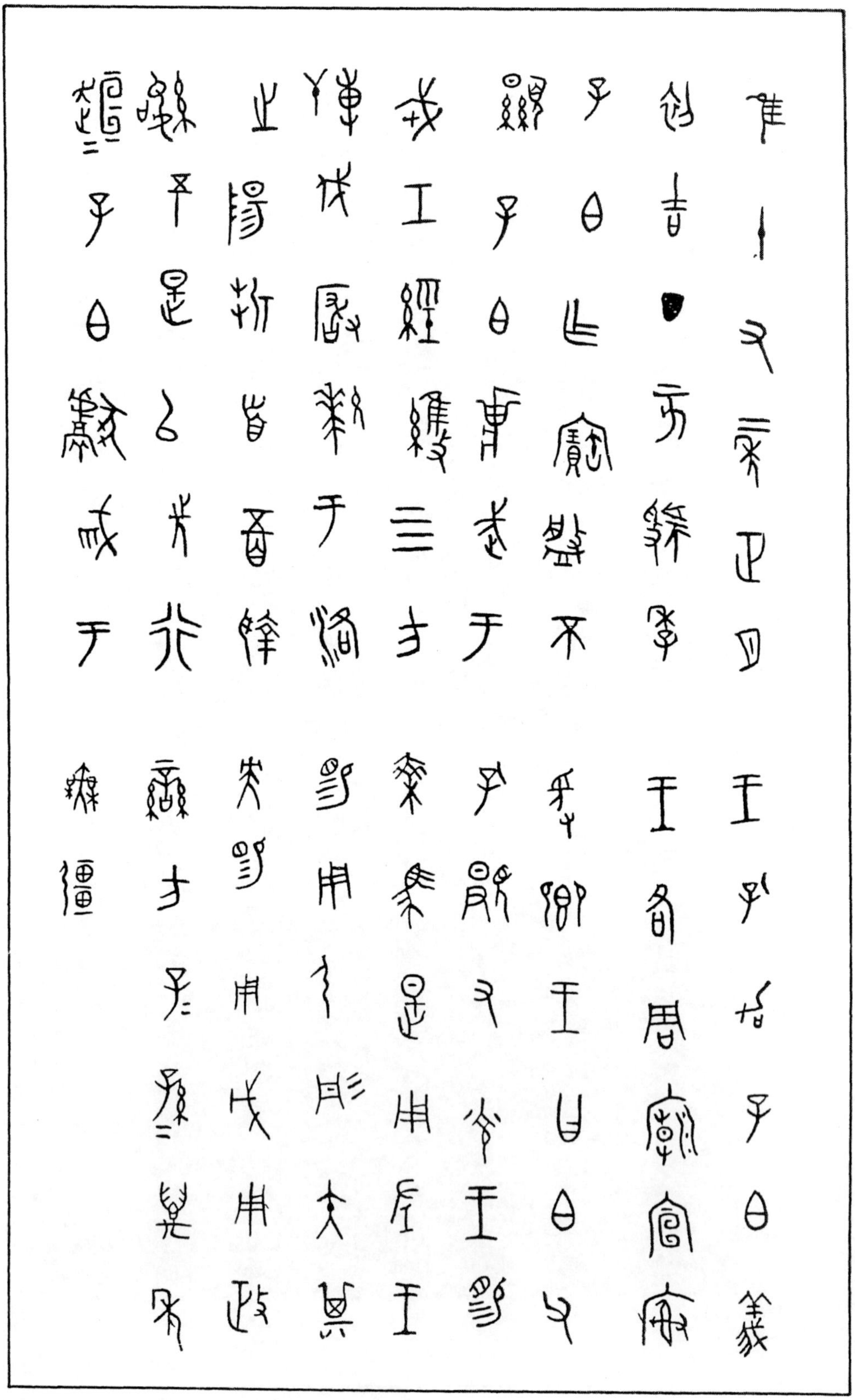

其次句鑃

吳王夫差監

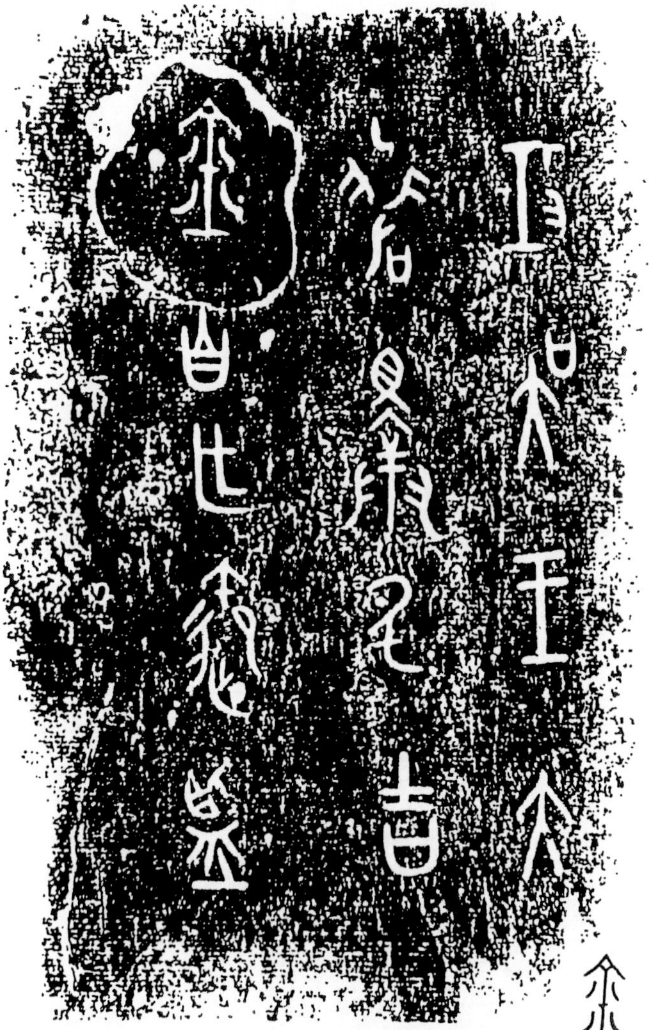

郘大尗斧

P034

甲金文會錄

合　　編　李國英
　　　　　許錟輝

發 行 人　林慶彰
總 經 理　梁錦興
總 編 輯　張晏瑞
編 輯 所　萬卷樓圖書股份有限公司
　地址　臺北市羅斯福路二段 41 號 6 樓之 3
　電話　(02)23216565
　傳真　(02)23218698

發　　行　萬卷樓圖書股份有限公司
　地址　臺北市羅斯福路二段 41 號 6 樓之 3
　電話　(02)23216565
　傳真　(02)23218698
　電郵　SERVICE@WANJUAN.COM.TW
香港經銷　香港聯合書刊物流有限公司
　電話　(852)21502100
　傳真　(852)23560735

ISBN 978-957-739-705-8
2019 年 8 月初版三刷
2014 年 8 月初版二刷
2011 年 2 月初版一刷
定價：新臺幣 300 元

如何購買本書：
1. 轉帳購書，請透過以下帳戶
　合作金庫銀行　古亭分行
　戶名：萬卷樓圖書股份有限公司
　帳號：0877717092596
2. 網路購書，請透過萬卷樓網站
　網址　WWW.WANJUAN.COM.TW
大量購書，請直接聯繫我們，將有專人為您服務。客服：(02)23216565　分機 610

國家圖書館出版品預行編目資料

甲金文會錄 / 李國英　許錟輝合編. -- 初版. -- 臺北市 : 萬卷樓, 2011.02　面 ;　公分

ISBN 978-957-739-705-8(平裝)

1.甲骨文 2.金文 3.圖錄

792.3　　100002750